내 아이 스타 만들기

내 아이 스타 만들기

김민성 지음

진정한 스타의 꿈을
이룰 수 있는
가장 확실한 선택!!

가림출판사

옛말에 '평안감사도 제가 싫으면 그만이다' 라는 말이 있습니다. 아무리 다른 이들이 볼 때 그럴듯한 모양새를 갖춘 직업을 가지고 있어도 자신의 재능이 제대로 발휘되지 못하는 곳에서 일한다면 불행하게도 그다지 보람을 느끼지 못할 것입니다. 나의 경우로 볼 때 비록 늦게 감독에 데뷔는 하였지만, 지금은 꼭 하고 싶었던 영화 만드는 일을 하면서 큰 기쁨을 느끼며 살고 있습니다.

하지만 만약 할 수만 있다면, 또한 부모님의 열의와 경제적 여건이 뒷받침 된다면 어릴 때부터 자신의 재능이 무엇인지 제대로 시험해 보고, 진짜 하고 싶은 일을 일찍 시작하는 것이 좋다고 생각합니다.

요즘은 어느 학교를 나왔고 무슨 학과를 나왔는지가 중요한 것이 아니라, 그 곳에서 자신만의 특별한 재능을 제대로 발견했느냐, 또 얼마나 지혜롭게 그것들을 발휘했느냐에 따라서 대우가 달라지는 시대라고 생각합니다.

재능과 성실함이 꿈을 이루는 양 날개와 같다면, 이 양 날개를 펼칠 기회와 도움이 선행되어야 한다고 봅니다. 이 책은 다만 연기자를 꿈꾸는 친구들뿐 아니라, 자신 안에 있는 가능성을 미처 발견하지 못하는 친구들을 위해 쓰여진 '정석서' 라고 할 수 있습니다.

저의 바람은 우리 아이들이 좀 더 자신답게 살았으면 하는 것입니다. 이 책을 펼친 부모님들께서도 분명히 아이들이 그렇게 살아가기를 바라는 분이라고 생각하면서 글을 마칩니다.

영화감독 **오기환** ('선물' , '작업의 정석' 감독)

책머리에

　　　자식사랑 이야 어느 나라건 매한가지겠지만 세계적으로
동양의 부모들, 그 중에서도 우리 대한민국 부모들의 자식사랑은 손에 꼽
힐 정도입니다.

　또한 우리나라 부모들의 자식사랑은 '뭐 하나 더 가르치려는' 모습으로
표현됩니다.

　과도한 교육열이다 뭐다 말이 많지만 사실 이렇다 할 자원도 없고, 그렇
다고 땅덩어리가 넓지도 않은 나라에서 빠르고 급박하게 변화하는 시대에
우리 아이들은 살고 있습니다. 그런 한국이라는 나라에서 어쩔 수 없이 하
나라도 더 배우고 익혀야 살아남는다는 것을 우리 부모들은 뼈저리게 느
끼고 있습니다. 때문에 아이들이 좀 더 많이 그리고 넓게 배우기를 원하고
그러다보니 부모들은 극성스러워질 수밖에 없는 게 현실입니다.

　부모의 소원대로 아이들이 모두 우등생이나 엘리트가 되어주면 좋겠지
만, 사실 재능은 다른 곳에 있는데 엉뚱하게 시간을 낭비하는 경우가 참
많습니다. 그나마 공부를 잘하더라도 사회성이라든지 인간관계기술이 부
족해 소위 왕따가 되거나 조금만 실패를 맛봐도 목숨을 끊는 학생들이 생
겨나고 있습니다. 참 안타까운 일입니다.

　제가 20년 동안 교육기관과 매니지먼트 기관을 운영하면서 생각한 것은
어떤 것을 가르치기 이전에 '아이들이 정말로 관심 있어 하는 것이 무엇인
가?' 또한 '재능이 있되 그것을 사람들 안에서 인정받을 만큼 훌륭한 인성
을 가지고 있는가?' 였습니다.

　우리 아이들은 참으로 다양한 재능을 가지고 있습니다. 아이들은 또한
공부에 소질이 있건 예체능에 소질이 있건 무엇이 더 낫다고 말할 수 없는
시대를 살고 있습니다. 사실 학습지 한 권 사주는 것보다 더 중요한 것은

아이들에게 내재된 가능성이 무언지 알아내고 이끌어주는 것이라고 생각합니다. 그래서 저는 그 가능성을 발견하고 이끌어주는 방법으로서 ‘연기교육’ 을 추천합니다. 그동안 제가 많은 아역배우들을 교육하면서 느낀 바 우선 ‘오감을 통한’ 감정훈련 트레이닝을 하기 때문에 생각과 상상력이 자극되고, 언어 구사력, 감정훈련, 특히 공부할 때 가장 중요한 분석력과 집중력을 향상시켜준다고 생각합니다.

꼭 연기자가 안 되더라도 괜찮습니다. 밭의 흙이 좋아야 채소가 잘 자라듯, 아이들이 학교생활을 하는 데 필요한 토양을 연기교육은 비옥하게 다져줄 것입니다. 게다가 요즘은 대부분이 ‘자식을 하나만 낳아 잘 기르자’라는 주의라서 형제가 없는 아이들이 혼자 컴퓨터 앞에서 시간을 보내기 일쑤인데 연기교육은 좋건 싫건 다른 아이들 또는 어른과 일대일 혹은 다대 일로 이야기부터 해야 하기 때문에 사회성을 키워주는 좋은 체험의 장이 되어줄 것입니다.

이 책은, 주인공인 예랑이가 자신의 재능을 발견하고 키워나가는 과정과 예랑이의 숨겨진 재능을 발견하며 헌신하는 엄마 소영과 아빠 태범의 이야기입니다. 예랑이가 조금씩 자신을 발견해가는 이 과정이 부모님들에게 자신의 자녀들을 어떤 교육방식과 마음가짐으로 뒷바라지를 해줘야 할지 그 방향을 제시해 줄 것이라 확신합니다.

그 누구보다 자녀를 사랑하고, 자녀의 밝고 힘찬 미래를 위해 자신을 기꺼이 희생하길 원하는 부모님들께 이 책을 선사합니다.

(주)MTM 이사장 / 서울종합예술학교 교수 **김민성**

CONTENTS

CONTENTS

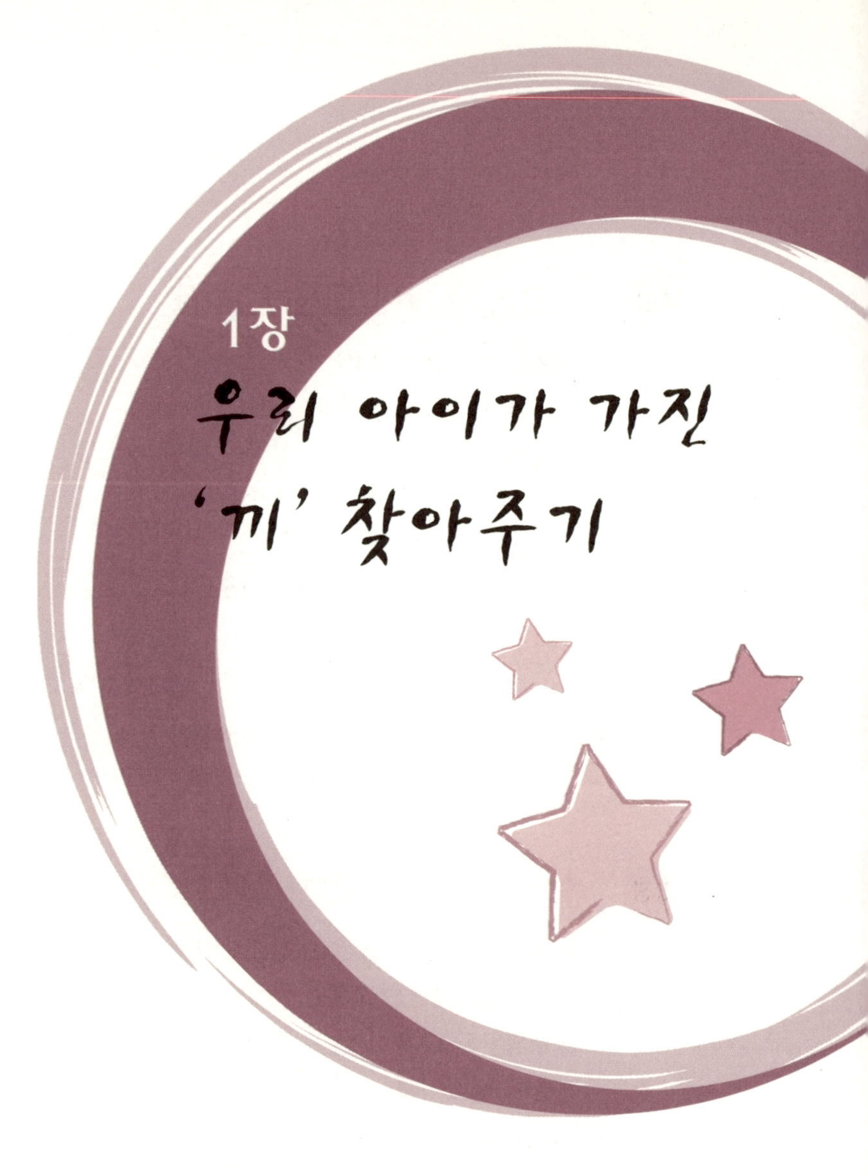
1장
우리 아이가 가진
'끼' 찾아주기

아이의 숨은 재능을 찾아주세요

"오늘 학교에서 있었던 일 좀 얘기해 줄래?"

"저기……."

소영의 질문에 예랑이는 기어들어가는 목소리로 말했다. 가까이에서도 목소리가 잘 들리지 않았다. 예랑이는 말수가 적은 아이였다. 어릴 때부터 말썽 한 번 부린 적이 없었다. 오히려 너무 조용해서 탈인 아이였다. 그 흔한 장난감 한 번 사달라고 졸라본 적이 없었다. 소영은 걱정이 이만저만이 아니었다.

소영과 태범의 맞벌이 생활 때문에 예랑이는 다섯 살 때까지 할아버지 댁과 집을 오가면서 자랐다. 출근할 때마다 예랑이를 어른들께 맡기고 회사에 가야 하는 소영과 태범은 아이가 안쓰러워 어쩔 줄을 몰랐다.

"흐흐흑. 어~ 엄마."

"엄마랑 아빠 회사 갔다 금방 올게. 할머니, 할아버지 말씀

잘 듣고. 우리 예랑이 착하지.”

눈물이 그렁그렁한 딸아이를 두고 돌아서는 소영의 마음은 언제나 무거웠다.

어느 날 예랑이가 또랑또랑한 목소리로 “엄마, 아빠 다녀오세요.”라고 말했을 때 소영은 가슴이 ‘쿵’ 하고 내려앉는 것 같았다.

‘바쁜 엄마, 아빠 탓에 너무 일찍 철이 들었구나.’ 라는 생각이 들었다.

소영이 예랑이를 키우면서 가장 많이 했던 말은 ‘우리 예랑이 착하지’ 였다. 착하다는 말 때문인지 예랑이는 심하게 조르는 일도 없고, 떼를 쓰는 일도 없었다. 그저 조용하고 얌전한 아이일 뿐이었다.

“어머! 어쩜 아이가 이렇게 얌전해요. 정말 착하네요.”

“예랑이는 엄마 말씀을 참 잘 듣는 것 같아요.”

“예랑 엄마는 아이가 착해서 하나도 힘들지 않겠어요. 우리 아이는 얼마나 말썽을 피우는지…….”

주변 사람들은 항상 착하고, 얌전한 예랑이를 칭찬했다. 그러나 소영은 주위의 칭찬이 달갑지 않았다. 부모 편하자고 아이를 착하고 얌전한 아이로만 키울 수는 없는 일이었다. 아이 스스로 착하다는 말에 익숙해져서, 착해야 한다는 생각 때문에 자신이 원하는 것이 무엇인지도 모르게 내버려 둘 수는 없는 노릇이었다.

'엄마, 아빠를 위해 일찍 철든 착한 아이보다는 자신을 적극적으로 표현하는 아이가 될 수 있도록 도와줘야 해.'

오랜 고민 끝에 소영은 회사를 쉬기로 했다. 아이와 시간을 같이 보내면서 소영은 예랑이가 생각보다 심각하다는 것을 느꼈다. 예랑이는 소영이 말을 걸어도 잘 대답하지 못하고, 웅얼웅얼 입 안의 소리를 냈다. 간신히 짧은 대답만을 할 뿐이었다.

"예랑아, 이제는 엄마랑 같이 있는 거야. 엄마가 그동안 바빠서 우리 예랑이 얘기를 잘 들어주지 못했구나. 정말 미안해. 이제부터는 엄마에게 예랑이가 원하는 것을 모두 얘기해 주렴."

예랑이는 어리둥절한 표정을 지었다.

"학교에서는 어땠는지 엄마한테 얘기해 줄래?"

예랑이는 힘겨운 듯 간신히 입을 떼었다.

"학교에서 정아가……."

예랑이는 말끝을 흐렸다.

"그래. 정아랑 놀았나 보구나."

"응!"

예랑이는 묻는 말에만 짧게 대답했다. 소영은 인내심을 가지고 천천히 예랑이를 지켜보기로 했다. 그러나 예랑이는 좀처럼 좋아지지 않았다.

'정말 얌전하고, 착하기만 한 아이인가? 천성적으로 그런 기질을 가지고 태어난 아이를 힘들게 하는 것은 아닐까?

마음속에서 올라오는 말들을 수도 없이 억누르면서 소영은 묻고 또 물었다. 소영의 생각이 바뀐 것은 예랑이의 반에서 공개 수업이 있던 날이었다.

예랑이는 며칠 전부터 들뜬 목소리로 말했다.

"엄마, 저 코끼리 역할을 맡았어요."

"그렇구나. 우리 예랑인 잘 할 거야. 엄마가 응원할게."

말은 그렇게 했지만 내심 걱정이 되었다.

'과연 잘 할 수 있을까? 실수라도 해서 더 자신감이 없어지면 어쩌지.'

아이보다 소영이 더 긴장하고 있었다. 교실은 어머니들로 꽉 찼다. 모두 아이들의 모습을 보기 위해서였다. 학교 행사에 참석해 본 적이 없는 소영은 교실을 꽉 메우고 있는 학부모들을 보고 놀랐다. 순간, 소영은 아이에게 미안했다. 소풍갈 때도 공개 수업을 할 때도 예랑이는 엄마에게 와 달라고 말한 적이 없었다. 그동안 딸아이가 알게 모르게 가슴앓이를 했을지도 모른다고 생각하니 소영은 아이에게 미안해서 어쩔 줄을 몰랐다.

연극이 시작되었다. 숲 속 연주회에서 여러 동물들이 자신의 노래가 으뜸이라고 싸우다가 연주회를 망치고 만다는 이야기였다. 소영은 예랑이 차례를 기다렸다. 소영의 손바닥은 땀으로 축축했다. 토끼 역할을 맡은 아이는 대사가 틀려서 곧 눈물을 쏟을 것 같았고, 여우 역할을 맡은 아이는 자기 차례인데도 우두커니 서 있었다. 드디어 예랑이 무대에 등장했다. 머리에 코끼리 모자를 쓰고 있었다.

"애들아, 내 노래를 들어봐. 도, 레, 미, 파, 솔, 라, 시, 도."

예랑이는 다소 얼굴이 빨개지긴 했지만 차분하게 코끼리 역할을 했다. 소영은 예랑이 퇴장을 한 뒤에 한숨을 내쉬었다. 핸드백에서 손수건을 꺼내서 땀으로 축축하게 젖어 있는 손을 닦았다.

"엄마, 나 하는 것 봤어요?"

공개 수업이 끝나고 예랑이가 소영에게 달려왔다. 품에 안긴 아이의 머리를 쓰다듬으며 소영이 말했다.

"떨지도 않고 참 잘하더라. 힘들지 않았니?"

"아주 재미있었어요. 노래하는 것도, 코끼리 연기도요."

소영은 예랑이가 조용하고, 얌전하기만 한 아이라는 걱정을 떨쳐버렸다. 하고 싶은 것도 없고, 좋은 것도 싫은 것도 없는 아이, 그저 착하고 얌전하기만 한 아이라는 생각이 그동안 소영의 가슴을 꽉 채우고 있었다. 그러나 공개 수업을 보고 나서 걱정을 떨쳐버릴 수가 있었다. 소영은 아이에 대해서 미리 평가함으로써 아이의 가능성을 막아버릴 수도 있었던 자신의 모습을 반성했다. 많은 부모들이 아이에 대해 편견을 가지고 있다. 그리고 편견을 가진 눈으로 아이들을 재단하고, 틀에 맞추려고 한다.

"너는 애가 왜 그러니?"

"넌 도대체 잘하는 게 뭐니?"

"넌 항상 그렇구나."

이런 말들이 아이에게 얼마나 상처를 주는지 어른들은 잘 알지 못한다. 소영은 공개 수업을 통해서 아이의 무한한 가능성을 믿어주는 것이 부모의 역할이라는 것을 깨달았다.

예랑과 함께 하는 시간이 길어지면서 소영은 고민이 생기기 시작했다. 소영은 예랑이가 무엇을 좋아하는지 잘 모르고 있었다. 또 아이의 내성적인 성격도 문제였다. 남편에게 상의를 해보았지만, 반응은 시큰둥했다.

"당신, 너무 조급한거 아니야?"

태범은 그저 소영의 조급함을 탓할 뿐이었다. 소영은 아이가 가지고 있는 색깔을 찾아주고 싶었다. 색깔 있는 아이로 키우기 위해서는 어릴 때부터 재능을 찾아주어야 한다는 내용의 책을 본 기억이 났다. 소영은 다시 그 책을 찾아서 재능에 관한 부분을 읽어 내려갔다. 심리학자 하워드 가드너의 8가지 이론을 찾았다. 소영은 예랑이에게는 어떤 능력이 있는지 유심히 살펴보았다. 예랑이는 몸으로 하는 것을 빨리 습득한다는 것을 떠올렸다.

심리학자이자 교육학자인 하워드 가드너는 '다중지능 이론'을 통해서 아이의 재능을 8가지로 분류하고 있습니다. 옛 속담에 '자기 먹을 것 자기가 타고 태어난다.' 라는 말이 있습니다. 그것이 바로 재능입니다. 어떤 아이든지 재능을 가지고 태어납니다. 아이의 재능을 파악하고, 키워주는 것은 부모의 몫입니다. 아래의 이론을 바탕으로 우리 아이는 어떤 재능을 가지고 있는지 생각해 보세요. 그리고 꼼꼼하게 기록해 보세요. 아이의 재능을 빨리 발견할수록 기회의 폭이 넓어진답니다.

1. 음악적 능력

예후디 메뉴인(Yehudi Menuhin)은 미국의 바이올린 연주자이면서, 지휘자였다. 메뉴인은 세 살 때 부모님과 함께 음악회에 가게 되었다. 세 살짜리 아이는 바이올린 소리를 듣고 가슴이 벅차올랐다. 어린 메뉴인은 생일 선물로 바이올린을 사달라고 부모님을 졸랐다. 5세 때부터 바이올린을 배우고, 8세 때 샌프란시스코에서 데뷔했다. 파리에서 라무뢰 관현악단과의 협연에서는 '신동' 이라는 칭찬을 받기도 했다.

메뉴인처럼 음악적 능력이 뛰어난 사람은 소리와 리듬, 진동 같은 음의 세계에 민감하다. 사람의 목소리처럼 언어의 형태로 된 소리뿐만 아니라 바람소리, 물소리 같은 비언어적 소리에도 예민하다. 음악적 능력이 뛰어난 사람은 발걸음 소리만 들어도 누가 오는지 알 수 있고, 처음 듣는 음도 잘 기억할 수 있다.

2. 신체 · 운동 능력

신체 · 운동 능력은 운동, 균형, 민첩성, 태도 등을 조절할 수 있는 능력을 말한다. 이 능력을 가지고 있는 아이는 몸동작에 익숙하며, 몸으로 하는 일들을 빨리 익힌다. 또한 민첩하기 때문에 어떠한 자극에도 빨리 반응한다.

이런 능력을 지닌 아이들은 생각이나 느낌을 글이나 그림보다는 몸동작으로 표현하는 능력이 뛰어나다. 연극이나 무용에 소질이 있으며, 유명한 운동선수가 될 수도 있다. 또한 손재주가 뛰어나기 때문에 미세한 조립을 한다든지, 수술을 해야 하는 외과의사에 적합하다.

3. 논리 · 수리 능력

논리 · 수리 능력이 높은 아이들은 어떤 문제를 보통의 다른 아이들보다 훨씬 빠른 속도로 해결하는 능력을 갖고 있다. 또 추론을 잘 이끌어낸다. 문제파악을 대충대충 생각나는 대로 하는 것이 아니라 체계적이고 과학적인 방법을 동원한다. 숫자에 강하고, 차량번호나 전화번호 등도 남들에 비해 잘 기억하는 경우가 많다.

4. 언어 능력

언어적 능력은 단어의 소리, 리듬, 의미에

대한 감수성이나 언어의 다른 기능에 대한 민감성 등과 관련된다. 언어 능력이 뛰어난 아이들은 토론 학습 시간에 그 능력을 잘 발휘하며, 유머나 말 잇기 게임, 낱말 맞추기 등을 잘한다. 다양한 단어를 잘 활용하여 말을 잘하는 달변가가 많으며, 똑같은 글을 써도 심금을 울리기도 하고, 웃음을 자아내기도 한다.

5. 공간적 능력

공간적 능력은 시간과 공간을 잘 인지하는 능력을 말한다. 건축가, 미술가, 발명가 등과 같이 3차원의 세계를 잘 변형시키는 능력이다. 공간적 능력은 색깔, 선, 모양, 형태, 공간, 그리고 이런 요소들 사이의 관계에 대한 민감성과 관련 있다.

공간적 능력이 뛰어난 아이는 밤하늘의 별을 보고 방향을 잘 찾아내며, 처음 방문한 곳도 다시 찾아가는 데 별 어려움을 느끼지 않는다. 또, 시 · 공간적 아이디어들을 도표, 지도, 그림 등으로 잘 나타내고, 시각적으로 표현하는 디자인, 그림 그리기, 만들기 등을 좋아한다.

6. 대인관계 능력

대인관계 능력은 다른 사람들과 교류하고, 이해하며, 다른 사람의 마음과 행동을 해석하는 능력이다. 다른 사람들의 기분, 감정, 의항, 동기 등을 인식하고 구분할 수 있는 능력과 얼굴 표정, 음성, 몸짓 등에 대한 감수성, 대인관계에서 나타나는 여러 가지 다양한 힌트, 신호, 단서, 암시 등을 변별하는 역량, 또 이들에 효율적으로 대처하는 능력이다.

대인관계 능력이 뛰어난 사람은 친구들을 많이 사귀고, 항상 중심에 서 있다. 이런 아이는 유능한 정치인, 지도자, 또는 성직자에 적합하다.

7. 자기이해 능력

자기이해 능력은 대인관계 능력과 유사한 특성을 지녔으며, 자기 자신을 이해하고, 느끼는 능력을 말한다. '나는 누구인가?', '나는 어떤 감정을 가졌는가?', '나는 왜 이렇게 행동하는가?' 등과 같은 자기 존재에 대해 이해하는 것이다. 화를 내거나 기쁨을 표현하는 무형의 것이 있는가 하면, 시나 그림으로 표현하는 유형의 것들이 있는데 이같은 어떤 형태로 나타나지 않는 한 자기이해 능력은 인식하기가 힘들다.

자기이해 능력이 높은 아이는 자기 존중감, 자기 향상(Self-enhancement), 자기가 처한 문제를 해결하기 위해 사용할 수 있는 성격이 강하다.

8. 자연탐구 능력

자연탐구 능력은 자연 현상에 대한 유형을 규정하고 분류하는 능력을 말한다. 원시 사회에서는 어떤 식물이나 동물이 먹을 수 있는지를 그들의 자연탐구 능력에 의존하여 알아냈다. 현대 사회에서는 기후 형태의 변화에 대한 감수성과 같은 것으로 자연탐구 능력을 잘 나타내주고 있다.

자연탐구 능력이 높은 아이는 자연을 소중히 여길 줄 안다. 또 동물이나 식물 채집을 좋아하며, 이를 구별하고 분류하는 능력이 뛰어나다. 산에 가더라도 나뭇잎의 모양이나, 크기, 지형 등에 관심이 많고, 이들을 종류대로 잘 분류하기도 한다.

출산예정일이 한참 지나서 태어난 예랑이는 태어날 때부터 성장이 빨랐다. 목도 다른 아이들보다 빨리 가누고, 걸음마도 빨리 배웠다. 또 춤을 추는 것도, 노래를 부르는 것도 좋아했다. 인형을 가지고 노는 것도 좋아했다. 비록 사람들 앞에서 말하는 것을 어려워하기는 했지만, 그건 어른들도 마찬가지이다. 그러니 초등학교 3학년인 예랑이에게는 당연한 일이었다.

예랑이는 신체·운동 능력이 뛰어난 편이었다. 요즘 들어서는 사용하는 어휘의 수도 부쩍 늘었다. 소영은 '자기 이해 능력'에 대해서 생각해 보았다. 자신이 무엇을 원하고, 무엇을 좋아하는지 예랑이 스스로는 아직 모르는 것 같았다.

그러나 소영은 아이가 자신이 원하는 것을 하면서 자라주기를 바랐다. 책에 나와있는, 신체·운동 능력과 언어 능력, 그리고 자기표현 능력이 뛰어난 아이들은 좋은 배우가 될 소질을 타고났다는 부분을 소리 내서 읽었다. 소영은 예랑이 연기를 배우는 것이 좋겠다고 생각했다. 좋은 부모라면 아이의 재능을 어릴 때 일찍 발견해 길을 제시해 주어야 한다고 하지 않던가.

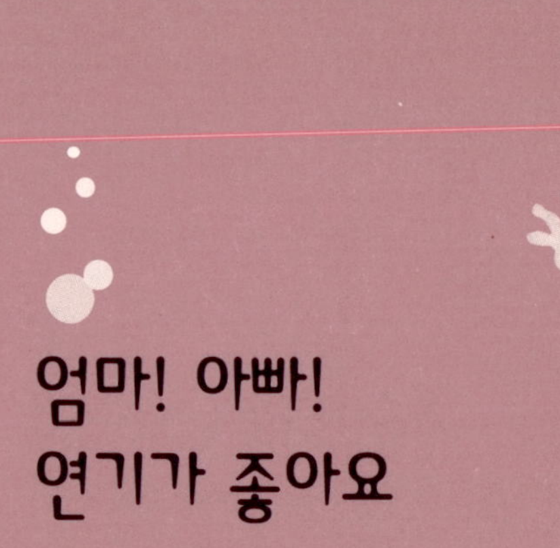

엄마! 아빠!
연기가 좋아요

"엄마, 친구가 생겼어요."

학교에서 돌아온 예랑이가 들뜬 목소리로 말했다.

"친구들이 연극할 때 제가 제일 잘했대요."

아이는 밝은 표정으로 자랑을 했다. 공개 수업 이후 예랑이는 친구들 사이에서 인기가 많아졌다. 있는 듯 없는 듯 하던 아이가 어느 틈에 같은 반 아이들 사이에서 주목을 받기 시작한 것이다. 비록 쑥스럽고, 부끄러워했지만 예랑이도 신이 나는 것 같았다. 외동딸로 자라서 형제간의 정도 모르고, 내성적인 성격 탓에 예랑이는 친구가 많지 않았다. 연극 연습과 공개 수업을 무사히 마친 후 예랑이는 부쩍 친구들 이야기를 많이 꺼냈다.

"예랑아, 연극하고 나서 친구들이 많이 생겼나 보구나."

소영은 아이의 머리를 쓰다듬으면서 말했다.

"아이들이 모두 좋아해요. 저보고 잘했다고 했어요."

소영은 공개 수업 후에 아이의 적성과 능력에 대해서 고민했던 것이 생각났다. 바쁘게 하루하루 지내다 보니 어느 틈에 잊고 있었던 것이었다.

"예랑아, 연극이 좋니?"

소영의 말에 아이의 표정이 금세 진지해졌다.

"연기가 좋아요. 그래서 친구를 더 많이 사귈 수 있었으면 좋겠어요."

예랑이의 환한 표정에 소영은 흐뭇한 생각이 들었다. 예랑이에게도 하고 싶은 것이 생겼다는 것이 소영을 기쁘게 했다.

저녁을 먹고 세 명의 가족은 소파에 앉았다. 소영은 사과를 깎으면서 남편에게 말을 걸었다.

"여보, 예랑이에게 연기를 가르치고 싶어요."

TV를 무심히 바라보고 있던 태범이 고개를 돌려 소영을 바라보았다.

"연예인 시키려고?"

태범은 의아한 눈으로 바라보았다.

"꼭 연예인을 시키겠다기보다는 연기를 가르치고 싶어요. 예랑이의 적성에 잘 맞는 것 같아요."

"그게 그 말이지 뭐야!"

태범은 떨떠름한 표정을 지었다. 사과를 먹던 예랑이가 아빠를 바라보았다. 예랑이는 입술이 타들어가는 것 같았다. 엄마가 연기를 배우는 것이 어떠냐고 물었을 때, 예랑이는 너무 신나는 일이라고 생각했다. TV에 나오는 배우들처럼 때로는 조선시대에 살기도 하고, 때로는 미래에 산다는 것이 상상만 해도 마음을 설레게 했다. 또 지난번 연극이 끝난 후처럼 많은 친구들이 생길 것만 같았다. 예랑은 힐긋힐긋 아빠의 눈치를 살폈다. 아빠의 양미간이 잔뜩 찌푸려져 있었다. 예랑이는 아빠의 다음 말을 초조하게 기다렸다. 태범이 무겁게 입을 열었다.

"애를 왜 딴따라로 만들려고 하는데? 아이는 아이다워야 하는 거야."

'딴따라'라는 태범의 말에 소영은 답답하기만 했다.

"여보, 요즘 누가 그렇게 말을 해요. 그건 다 옛말이라고요. 요즘 대학에서도 연극영화과 경쟁률이 얼마나 높은 줄 알아요? 차이돌(Chidol)이라는 말은 왜 생겼겠어요. 예전하고 시대가 달라졌다고요."

"그래도 난 우리 예랑이가 다른 아이들처럼 평범하게 자랐으면 좋겠어."

태범은 완강한 목소리로 말했다.

"여보, 예랑이도 하고 싶어 하잖아요. 꼭 연예인이 되지 않더라도 아이에게 표현력을 길러주고, 자기주장을 할 수 있는 아이로 키우는 것은 중요한 일이에요."

태범은 자기 얼굴을 빤히 쳐다보는 예랑을 바라보았다.

"예랑아, 연기가 하고 싶니? 학교 다니면서 힘들지도 모르는데?"

예랑이는 용기를 내서 말했다.

"아빠, 연기 배우고 싶어요. 꼭 하고 싶어요."

예랑이는 평소 내던 목소리보다 더 큰 목소리로 얘기했다. 태범은 한숨을 쉬었다. 아이가 지금처럼 강하게 말하는 것을 본 적이 없었다. 태범도 예랑이가 얌전한 아이라고만 생각했던 것이다.

"그래. 아빠가 생각해 보마. 여보, 좀 더 생각해 보고 얘기 합시다."

다음날, 태범이 회사를 출근하려고 할 때 예랑이가 작게 접은 편지를 손에 쥐어 주었다.

"아빠, 꼭 회사 가서 읽어보세요."

"어? 이게 뭐야? 예랑이가 아빠한테 편지 쓴 거야?"

예랑이는 수줍게 웃어 보였다. 양 뺨에 보조개가 살짝 잡혔다. 태범은 딸아이의 이마에 살짝 뽀뽀를 해 주고 집을 나왔다. 태범은 양복 안주머니에 예랑의 편지를 넣었다.

회의를 마치고 태범은 예랑이의 편지를 꺼냈다. 또박또박 쓰인 글씨가 꽃 편지지를 채우고 있었다.

태범은 아이가 벌써 이렇게 컸나 싶어서 대견스러웠다. 조르는 법도 없고, 떼를 쓰는 일도 없던 딸아이가 무언가를 간절히 원하고 있다는 것이 신기하기도 했다. 그러나 태범은 아이를 연예인으로 키우겠다고 생각해 본 적이 단 한 번도 없었다. 태범은 아이가 선생님 같은 직업을 가져주기를 바라고 있었다. 동화책을 읽으면서도 쉽게 울고, 웃었던 예랑에게 잘 어울리는 직업은 선생님이라고 생각했다. 머릿속이 복잡해지는 것 같았다. 태범은 무심하게 신문을 펼쳤다. 꼭 읽겠다는 생각이 있었던 것은 아니었다. 태범은 성의 없이 신문을 몇 장 넘겼다. 사회면 하단에 실린 기사가 눈에 들어왔다.

청소년들은 장래 희망직업으로 선생님-연예인-의사-운동선수를 선호하는 것으로 조사됐다. 9일 한국사회조사연구소에 따르면 지난해 9월부터 12월까지 전국 467개 초·중·고교 학생 2만 7,650명을 대상으로 청소년 종합실태조사를 실시한 결과, 장래 희망직업으로 선생님(13.1%)이 가장 많았고, 연예인(7.2%), 의사(7.1%), 운동선수(5.1%) 등의 순을 보였다. 학년이 낮을수록 연예인이나 운동선수처럼 대중인기를 끄는 직업에 대한 선호가 높았다(연예인: 초등 13.6%, 중등 5.4%, 고등 1.5%; 운동선수: 초등 9.9%, 중등 3.7%, 고등 0.9%). 장래 희망직업을 결정한 청소년의 경우 그 같은 장래 희망을 결정한 이유로 '내가 좋아하는 일'이라는 응답이 56.7%로 가장 많았고(중복응답), '소질이나 적성에 맞을 것 같아서'(52.7%), '안정적인 고용이 보장되므로'(25.3%), '돈을 많이 벌 수 있어서'(21.8%), '사회적으로 인정받을 수 있어서'(12.3%), '부모님이 원해서'(10.2%)의 순을 보였다.

〔데이터 뉴스 2005. 6. 9일자〕

태범은 청소년들의 직업 선호도에 대한 기사를 읽었다. 줄여 말하자면 많은 청소년들이 연예인이 되고 싶어 한다는 내용이었다. 태범은 자신이 너무 고리타분한 생각을 하고 있었던 것은 아닐까 하는 생각을 했다. '그래. 예랑이가 정말 하고 싶어 하는 일이라면 도와줘야지.'라는 생각이 치밀어 오르기도 했다. 그러나 마음 한 편에서 또 다른 목소리가 들려왔다. '아이는 아이답게 키워야 하는 거야. 어른들의 세계에 너무 빨리 들어가는 것도 좋지 않아.'

태범의 마음속에서 두 가지의 생각이 교차하고 있었다. 한 편에서는 딸아이의 편지가 태범의 마음을 붙잡고 있었고, 다른 한 편에서는 아이의 미래에 대한 부모로서의 책임감이 발목을 잡았다. 퇴근할 때까지 머릿속이 뒤죽박죽이었다.

집으로 돌아와 저녁을 먹을 때까지도 태범은 결정을 내리지 못하고 있었다. 예랑이는 저녁을 먹는 내내 아빠의 눈치를 살피고 있었다. 그런 딸아이를 보자 태범은 마음이 더욱 무거워졌다.

"여보, 곰곰이 생각해 봤는데 상담이라도 받아보는 걸로 하지."

저녁 설거지를 마치고 막 들어온 소영을 보고 태범이 말했다. 소영은 태범의 말에 의아해졌다. 예랑이에게 연기를 가르치자고 허락한 것은 아니어도 많은 변화였다.

"갑자기 생각을 바꾼 이유가 뭐예요?"

태범은 양복 안주머니에서 아침에 딸아이가 수줍게 건네 준 편지를 꺼내 보여주었다. 소영은 편지지에 정성스럽게 쓴 글씨를 보았다. 소영은 예랑이의 편지가 놀랍기도 하고, 다소 안심이 되기도 했다. 연기를 가르치려는 것이 혹시 엄마의 극성 때문이 아닐까 못내 걱정이 되었기 때문이었다.

"고마워요. 예랑이도 좋아할 거예요."

"아직 허락한 건 아니야. 상담 받아보고 결정하자고."

태범은 무뚝뚝하게 말했다. 소영은 남편의 변화를 진심으로 고마워했다. 아이의 교육 문제에서 아빠도 예외일 수는 없는 일이었다.

연기에 대한 진지함과 열정으로
똘똘 뭉친 변주연 양

" 힘들었던 시간도 지나고 나니 좋은 추억으로 남아요. "

주연이의 해맑은 웃음과 커다란 눈망울에 담긴 순수함은 보는 사람들을 절로 웃음 짓게 만드는 힘이 있다. 드라마 '패션 70s'에 나오는 주연이를 보면서, 저렇게 작은 몸짓에서 어쩜 저런 연기가 나올 수 있을까 놀랐다. 그러나 2005년 SBS 아역대상 아역상 시상식에서 "보잘 것 없는 저를 이 자리에 서게 해주신 SBS 관계자 및 '패션 70s'의 연출과 스태프에게 또 엄마에게, FD오빠, 담임선생님께 이 자리를 빌어서 고맙다고 말하고 싶습니다."라는 똘망똘망한 목소리의 수상소감을 듣고 그 의문을 풀

수 있었다. 주연이의 연기에 대한 진지함과 열정을 보았기 때문이다(주연이에게 2005년 SBS 아역상은 연기를 시작하고 가장 기뻤던 순간으로 기억되고 있다. '패션 70s'가 외주 제작이었기 때문에 마지막까지 뜨거운 경합을 벌여야 했다.).

주연이는 4살 때 아이몽 콘테스트에 나가 프로필 사진을 처음 찍게 된 것이 계기가 되어서 연기를 시작하게 되었다. 깜찍하고 발랄한 외모 때문이기도 했지만, 어린 나이답지 않게 연기에 대한 열정이 강하기 때문이기도 했다. 주연이는 5살 무렵 MTM 연기

학원에서 연기 수업을 받았다. 당시 연예활동을 하는 다른 아이들보다 다소 늦은 감이 있었지만, 각종 지면이나 CF 등 방송 일들을 하게 되었고, 6살 초 타 학원생들보다 먼저 SBS 아침 드라마를 통해 데뷔를 하게 되었다.

연기를 하면서 힘든 점도 많았다. 알아보는 사람이 늘어서 활동의 제약이 있는 것은 감수한다 하더라도 겹치는 스케줄을 조정하는 것은 쉬운 일이 아니었다. '패션 70s'를 찍을 당시에도 영화 2편 '간 큰 가족', '이대로 죽을 순 없다' 까지, 바쁜 일정 때문에 주연이의 건강을 염려할 정도였다. 하루도 쉬는 날 없이 지방 촬영을 다녀야 했고, 또 시대극이다 보니 춥고, 배고프고, 졸리고, 무엇보다 위험한 신이 많아 다치면서도 녹화를 강행해야만 했을 때는 눈물이 날 정도였다. 그러나 지나고 나니 좋은 추억이었다고, 주연이도 주연이 어머니도 환하게 웃으면서 말한다.

아직 아역이기에 본인의 선택보다는 감독님의 결정이 배역에 더 많은 영향을 미친 것이 사실이지만, 그동안 오디션을 통해 맡았던 작품들의 캐릭터가 주연이의 이미지나 성격과 잘 맞아 운이 좋은 편이었다. 주연이에게 앞으로 어떤 역할을 맡고 싶냐고 묻자, "힘들고, 다소 고생은 되었지만, '패션 70s' 때처럼 지나고 났을 때, 보람을 느낄 수 있는 역할을 맞고 싶어요."라고 제법 어른스럽게 이야기한다.

어른이 되어서도 배우가 되고 싶다고 말하는 주연이, 외모보다는 진정으로 연기를 잘한다고 인정받고 싶다는 주연이의 다부진 꿈 때문일까? 영화 '도마뱀'에서 어린 아리 역할을 맡은 주연이의 연기가 벌써부터 기대된다. 오랫동안 주연이의 해맑은 웃음을 보고 싶다는 욕심과 함께, 성숙한 연기자로 자리 잡는 모습을 꾸준히 지켜보고 싶다.

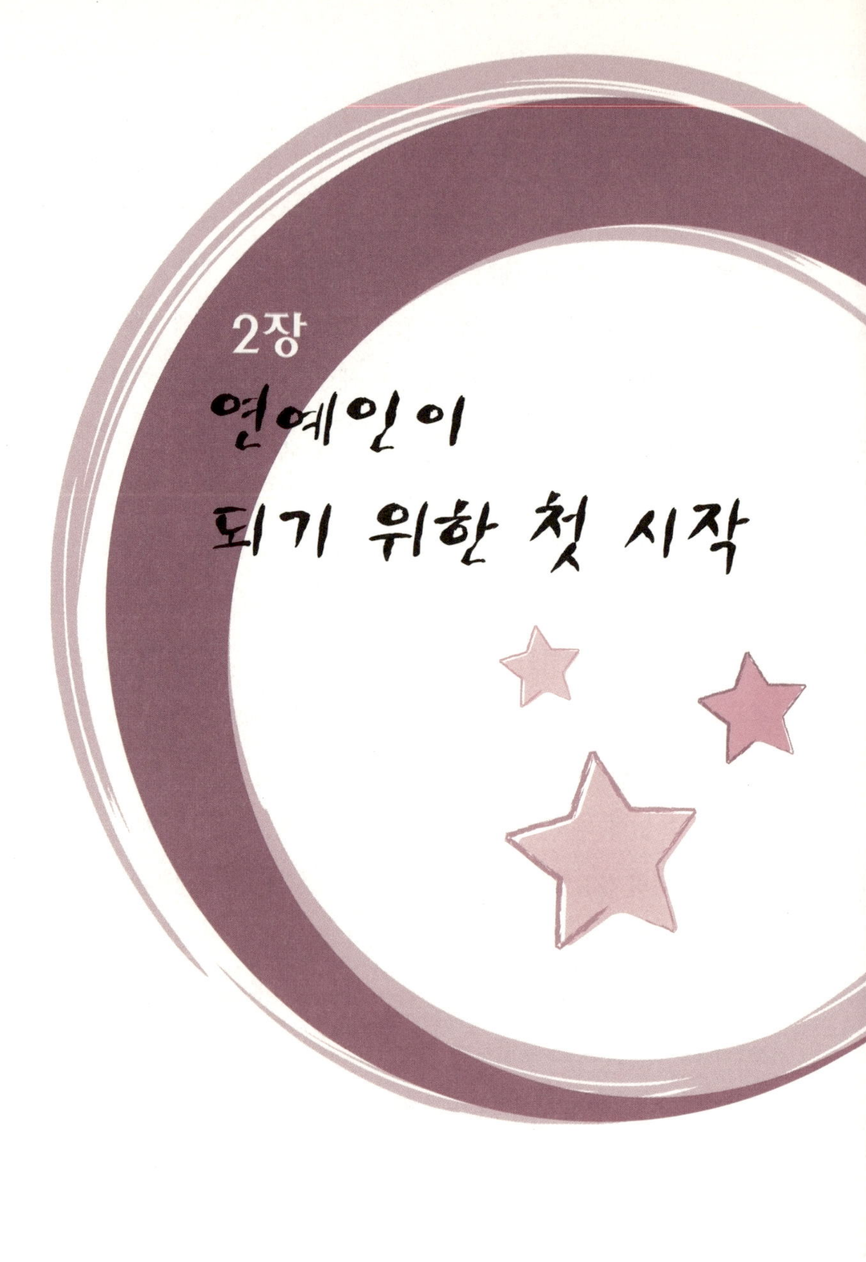

2장

연예인이 되기 위한 첫 시작

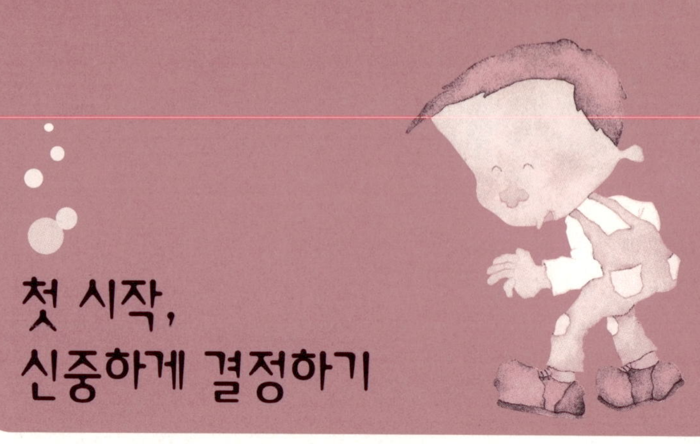

첫 시작,
신중하게 결정하기

소영은 커피보트에 물을 올리고, 스위치를 눌렀다. 커피를 한 잔 하면서 웹 서핑을 하기 위해서였다. 구체적인 내용을 알아보고 나서 남편과 다시 상의할 생각이었다. 소영은 컴퓨터 앞에 앉았다. 검색 창에 '아역배우'라고 쳤다. 인터넷 검색 창에는 '아역배우가 되는 법'이라는 글을 비롯하여 수많은 정보가 떴다. 수십 개의 사이트 주소도 떴다. 연기 학원부터 시작해서 아역배우들의 전문 카페도 있었다. 소영은 우선 이렇게 많은 연기 학원이 있다는 사실에 놀라면서도 차분히 사이트 하나하나에 들어가 보았다. 그러나 인터넷이라는 공간의 한계가 있듯이 어떤 곳은 별다른 정보가 없었고, 아예 인터넷 창이 뜨지 않는 곳까지 있었다.

눈에 띄는 기사 중에서 가장 많은 것은 길거리 캐스팅 문제였다. 길거리 캐스팅은 거의 학원형 연예기획사에 의해서 이루어진다고 했다. 소영은 예전에 남편과 함께 보았던 TV 시사 프로 그램을 떠올렸다. 학원형 기획사로 부터 피해를 입은 학생들 이 야기였다. 연극배우 출신의 진행자는 중후한 목소리로 말했다.

"많은 연예기획사들이 아카데미 형태의 트레이닝 과정을 함께 운영합니다. 그런데 이런 기획사들은 다단계식 영업 방식을 통해 아이들을 모집합니다."

TV 속의 진행자는 심각한 얼굴로 말했다. 다음 화면에서는 길거리 캐스팅으로 피해 입은 아이들의 인터뷰가 나왔다.

"엄마와 함께 쇼핑을 갔다가 명함을 받았어요."

"명동에 친구들이랑 놀러 갔다가 오디션을 보라는 말에……"

앳된 음성과 모자이크 처리 된 화면은 아이들이 얼마나 많은 상처를 받았는지를 잘 보여주고 있었다. 대부분의 사람들이 스타 는 길거리에서 만들어진다고 생각하고 있었다. 유명한 연예인, 혹은 아역배우 중에서 길거리 캐스팅으로 연예인이 된 경우가 많기 때문이다. 언제부터인가 연예인이 모든 이들의 선망의 대상이 되면서 한 해 연예인 지망생만 자그마치 100만 명이 넘었다.

강남이나 압구정, 혹은 명동처럼 사람들이 많이 모이는 곳에 가면 오디션을 받아 보라고 명함을 내미는 사람들이 많았다. 그런데 거리에서 명함을 건네거나 인터넷 메일을 통해 접근하는 매니저들은 기획사에서 나온 매니저가 아니었다. 길거리 캐스팅을 당한 아이들이 찾아오면 오디션을 통해 아이들을 일단 합격을 시킨 후, 트레이닝이 필요하다면서 학원을 등록시키는 것이 일반적인 경우였다. 학원형 기획사로부터 피해를 입은 학생들의 숫자가 날이 갈수록 늘어나고 있으며, 이미 사회적 문제로 대두되기도 했다. 아이의 미래와 꿈이 우선이 아니라 학원 등록이 목적이기 때문에 트레이닝 과정도 엉망인 경우가 많았다. 눈 가리고 아웅 하는 시간 때우기 식으로 교육 아닌 교육을 하고 있는 것이었다.

그뿐만이 아니었다. 어떤 곳은 학원에 등록하는 순간부터 아이들을 나 몰라라 했다. 상황이 이런데도 TV 속의 아이들은 기획사를 쉽게 떠나지 못하고 있었다. 또 연예인이 되고 싶어 하는 아이들의 심리를 이용해서 방송사의 PD나 영화감독을 사칭하는 경우도 있었다. 캐스팅을 해 주겠다면서 금품을 요구하기까지 했다.

"여보, 저 아이들의 부모는 심정이 어떨까요? 아이들이 얼마나 상처를 받겠어요."

"그러게 말이야. 아이들 꿈을 저렇게 돈 벌이에 이용해서는 안 되지."

소영과 태범은 착잡한 마음으로 TV를 보았다.

'폴폴폴' 커피포트에서 커피 끓는 소리가 들렸다. 소영은 시사 프로그램 생각을 잠시 접어두었다. 머그잔에 물을 따르니 향긋한 커피향이 코끝을 스쳤다. 소영은 다시 컴퓨터 앞에 앉았다. 예전에 태범과 함께 보았던 시사 프로그램처럼 인터넷 기사 여기저기에서 '길거리 캐스팅'에 대한 주의를 주고 있었다.

'기초부터 차근차근 밟아줄 학원으로 가야겠어.'

소영은 연기 학원의 홈페이지에 들어가 보았다. PD가 직접 운영한다는 연기 학원도 있었고, 유아와 초등학생들을 상대로 한다는 모델 전문 매니지먼트사도 있었다. 또 아역 모델·연기자 캐스팅 전문 사이트도 있었다.

'사람들이 추천하는 이유가 있겠지.'

소영은 사람들이 가장 많이 추천하는 연기 학원을 선택하기로 했다. 소영은 책상 위에 올려놓은 커피를 한 모금 마셨다. 커피가 식어 있었다. 시계를 보았다. 예랑이 학교에서 돌아올 시간이 되어가고 있었다.

학원 선택은 이렇게 해 주세요

1950~1960년대만 하더라도 배우는 연기력이 떨어져도 외모만 뛰어나면 된다고 생각하던 시절이 있었습니다. 사람들의 인식 속에서 배우는 광대였고, 딴따라였으니까요. 그러나 연예인에 대한 인식이 달라지면서 연기력 없이 외모만 뛰어난 배우들은 외면을 받기 시작했습니다. 아역배우의 경우 외모도 중요하지만, 연기력이 뒷받침 해줘야 하는 것은 당연한 일입니다. 그런 점에서 학원은 아이에게 체계적으로 연기 지도를 해줄 수 있는 곳입니다. 그럼 학원을 고르기 위해서는 어떻게 해야 할까요?

1. 학원은 교육기관이기 때문에 인가를 받아야만 합니다

인터넷에서 연기 학원이라고 검색을 하면 많은 사이트가 뜹니다. 그러나 이런 연기 학원들 중에서 정식으로 인가를 받은 곳은 많지 않습니다. 학원은 교육기관이기 때문에, 교육부에서 정식으로 인가를 받아야만 합니다. 또 어떤 연기 학원의 경우 아이들을 모집한 뒤 몇 달 후 폐업 신고를 하고, 다시 인가를 받는 경우도 있기 때문에, 인가 받은 날짜를 확인하는 것도 중요합니다.

2. 선생님을 확인해 주세요

무엇을 배우든지 전문가에게 배워야 합니다. 특히 연기처럼 특수한 경우는 더욱 그렇습니다. 아이들을 가르치는 강사는 연극영화과를 졸업한 선생님들이어야 합니다. 초등학생의 경우 최소 전문대 이상의 학력을, 중·고등학생의 경우에는 4년제 대학졸업 이상의 학력을 가진 선생님들이 가르치도록 교육부에서는 정하고 있습니다. 학원 선생님들의 전공과 경력 사항 등을 꼼꼼히 확인해야 하는 것은 기본적인 사항입니다. 또한 학원도 교육기관이라는 것을 명심해야 합니다. 선생님들이 가진 실력과 경력 못지않게 교육적인 마인드가 중요합니다. 인성교육과 아이의 성품까지도 고려하는 학원이어야 합니다.

3. 배출된 아역배우들을 확인해 주세요

TV나 영화에서 활동하고 있는 아역배우들이 많다는 것은 좋은 시스템과 좋은 환경 속에서 아이들이 교육을 받았다는 증거이기도 합니다. 또한 캐스팅의 기회가 다른 학원들보다 많다는 것을 보여주는 것이기도 합니다. 노력한 만큼의 결과를 얻을 수 있는 학원이어야 합니다. 아이의 노력이 결실을 맺을 수 있는 학원을 선택 하는 것이 좋습니다.

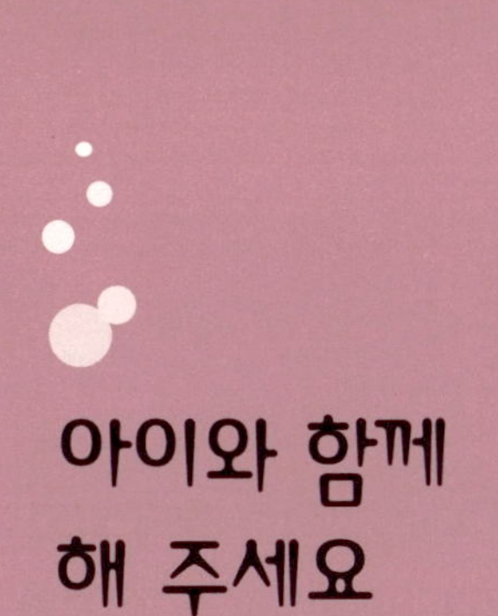

아이와 함께
해 주세요

소영은 태범과 예랑이에게 웹 서핑을 통해 알아본 정보를 천천히 이야기했다. 아직 아이가 어리기 때문에 중요한 결정은 부모가 해야 되지만, 아이가 최대한 의사 결정에 동참할 수 있도록 도와주고 싶었다. 연기를 배우는 것도, 나중에 연기자가 되어서 연기를 할 사람도 아이 본인이기 때문에 아이의 의견을 존중하는 것은 중요한 일인 것 같았다.

특히 아이에게 책임감을 심어주고, 앞으로 힘든 순간이 생기더라도 견딜 수 있는 힘은 바로 이 일이 자신이 결정한 일이라는 자부심에서 나올 것이기 때문이다. 또 아직 완전히 찬성하지 않은 태범이 예랑이의 든든한 후원자가 되어주길 바래서였다.

이야기가 다 끝나자 예랑이는 알아들었다는 듯이 고개를 끄덕였다. 소영은 굳은 표정으로 있는 태범을 한 번 힐끗 보고는 예랑이에게 말했다.

“예랑아, 궁금한 것 있니?”

“엄마, 그럼 저도 TV에 나와요?”

연기 수업도 받기 전에 벌써 TV에 나온 것처럼 들떠 있었다.

“열심히 연기 수업 받으면, TV에 나오겠지. 단 꼭 열심히 해야 하는 거야. 내일 같이 연기 학원 가려고 하는데 궁금한 것 없니?”

“음, 뭘 배우는지가 궁금해요. 그리고 얼마나 배우면 TV에 나올 수 있는지도요.”

“또 뭐가 궁금하니?”

“또 어떤 친구들이랑 같이 배우는지도 궁금해요.”

“그래. 예랑이는 학원에서 친구들도 많이 만나고 싶은 모양이구나. 또 뭐가 궁금하지?”

“어떤 선생님들하고 공부하는지도 궁금해요. 예쁜 선생님이었으면 좋겠어요.”

예랑이는 환하게 웃었다.

“여보, 당신도 시간 되면 같이 가요.”

소영은 아무 말 없는 태범을 바라보면서 말했다. 태범은 고개를 끄덕였다.

다음날, 인터넷에서 뽑아 두었던 약도를 가지고 학원을 찾아갔다. 태범은 학원 앞에서 기다리기로 되어 있었다. 방송 3사

가 여의도에 있기 때문에 연기 학원들도 여의도 근처에 모여 있었다.

"엄마, 저 아이 어제 엄마랑 같이 본 드라마에 나오지 않았어요?"

예랑이는 지하철 입구에 걸려 있는 학원 홍보 간판을 손가락으로 가리켰다. 소영은 예랑이가 손가락으로 가리키는 곳을 보았다. 요즘 한창 뜨고 있는 어린이 드라마의 연기자였다. 초등학생의 학교생활을 다룬 그 드라마는 아이들에게 선풍적인 인기를 끌고 있었다. 소영도 예랑이와 함께 몇 번 본 적이 있었다. 소영이 음식을 하고 있을 때면 예랑이가 부엌 싱크대 옆에서 조곤조곤 이야기를 들려준 적이 있었다.

"그러네. 예랑이가 좋아하는 드라마에서 나오던 아이구나."

소영은 예랑이의 머리를 쓰다듬어 주었다.

태범이 학원 앞에서 기다리고 있었다. 태범은 점심시간을 이용해서 잠깐 나온 모양이었다. 엘리베이터를 타고 5층을 눌렀다. 태범은 말이 없었다. 5층으로 올라가는 짧은 시간이 소영은 길게 느껴졌다.

엘리베이터에서 내리자 연예인들의 사진이 사방을 메우고 있었다. 예랑이 또래의 아이들도 있었고, 성인 연기자들도 있었다. 옛날에 찍었던 프로필 사진인 듯 했다. 소영은 사진을 꼼꼼히 보았다. 낯익은 얼굴들이었다. 연예인의 사진 밑에는 학원에

서 공부했던 기수가 나와 있었다. 모든 연기 학원이 다 그런 것
은 아니지만 큰 학원의 경우는 기수가 있었다. 또 학원에서 자
체적으로 보는 오디션에 통과해야 등록 할 수 있었다.

학원 입구에는 아이들을 데리고 온 엄마들이 많이 보였다. 예
랑이보다 어린 아이들도 적잖이 눈에 띄었다. 소영은 상담을 기
다리면서 주위를 둘러보았다. 사무실의 직원들은 바쁘게 움직
였다. 회색 투피스 차림의 여자 선생님은 흰 드레스를 입고 있
는 대여섯 살짜리 여자 아이와 얘기하고 있었다.

'저렇게 어린 아이들도 연기를 배우는구나.'

소영에게는 낯선 풍경이었다. 학원은 소영이 생각했던 것보
다 훨씬 큰 규모로 빌딩의 한 층을 모두 쓰고 있는 듯 보였다.
상담을 하는 곳과 강의를 하는 곳이 따로 분리되어 있었다. 한
10분쯤 기다렸을까. 사무실에 양복 차림의 상담 교사가 들어왔
다. 상담 교사는 여러 가지 자료를 보여주었다.

"보통 아이들의 경우는 6개월에서 2년 정도 연기 교육을 받
습니다. 일반적으로 아이들은 성인 연기자에 비해서 연기력이
떨어져도 괜찮고, 외모만 귀엽고 예쁘면 된다는 편견을 많이
가지고 있지만 아이들일수록 더 많은 연기력이 요구됩니다."

상담 교사는 대략의 커리큘럼을 보여주었다. 아이들의 수업
이라고 보기 힘들 정도로 빡빡하게 짜여져 있었다.

"예랑아, 어제 엄마랑 선생님께 물어볼 것 생각해 봤었지. 예

랑이 선생님한테 직접 여쭤볼래?"

예랑이는 벌써 얼굴이 빨개져 있었다. 엄마나 아빠 앞에서는 곧잘 이야기를 하지만 아직도 낯선 사람들을 대하는 것은 어려운 모양이었다. 소영은 다시 한번 예랑이에게 물어보았다.

"예랑이 선생님께 여쭤볼 것 없니?"

예랑이는 기어 들어가는 작은 목소리로 떠듬거리면서 말했다.

"저, 선생님, 전 어떤 친구들하고 같이 연기 배워요?"

상담 교사는 예랑이가 말하는 것을 끝까지 다 들어주었다. 소영은 아이들을 배려하는 상담 교사가 마음에 들었다. 중간에 말을 자를 수도 있었다. 엄마에게 물어보는 것이 더 편할 텐데도, 상담 교사는 차분히 예랑의 말을 들었다.

"이름이 예랑이라고 했지? 예랑이보다 어린 친구들도 있고, 언니, 오빠들도 있단다. 물론 같이 수업 듣는 친구들 중에는 예랑이와 같은 학년의 친구들도 있고. 예랑이는 언니나 오빠가 있니?"

"아니요."

"그렇구나. 예랑이가 학원에서 만나는 친구들은 예랑이에게 좋은 언니, 오빠, 그리고 귀여운 동생이 되어 줄 거란다. 또 궁금한 것 없니?"

상담 교사는 예랑에게 질문 기회를 주었다.

"음, 어떤 선생님이랑 공부하는지 궁금해요. 예쁜 여자 선생님이었으면 좋겠어요."

이번에는 처음보다 자신감 있게 물어보았다.

"예랑이는 여자 선생님이 좋은가 보구나!

"네."

"음, 대학교에서 연기를 전공한 선생님들한테 배운단다. 예쁜 여자 선생님도 계시고, 남자 선생님도 계시지. 하지만 남자 선생님들도 만나보면 예랑이도 좋아하게 될 거야."

"여기 오는 아이들은 학교생활과 학원수업을 병행하는 걸 힘들어하진 않나요?"

그때까지 설명을 묵묵히 듣고 있던 태범이 입을 열었다.

"학원에 오는 아이들은 모두 아이들이 원해서 오는 경우가 많습니다. 아이들도 수업하는 것을 좋아하고요. 또 학원에 있는 아이들은 학교에서도 자신의 역할을 모두 잘 해내고 있는 걸로 알고 있습니다. 발표도 잘 하고, 전교 회장 같은 일들을 잘 수행하기도 하고요."

태범은 상담 교사의 말을 주의 깊게 들었다. 예랑이의 표정이 밝아졌다. 학원 엘리베이터까지 나온 상담 교사는 예랑이에게 손을 흔들어 주었다.

"선생님, 제가 알아둘 건 없나요?"

엘리베이터 앞에서 소영은 상담 교사에게 물었다. 상담 교사는 서글서글한 목소리로 말했다.

"어머니, 연기 수업은 또 다른 인성 교육입니다. 연기는 혼자 하는 것이 아니기 때문이죠. 연기는 함께 하는 것이 무엇인지 아이에게 알려 줄 거예요. 그리고 자신이 무엇을 원하는지 솔직하게 반응하고 깨닫고, 표현하게 만들어 줄 것입니다."

소영은 상담 교사의 말이 믿음직스럽게 느껴졌다.

"가르치기는 하는데, 예랑이가 싫어하면 언제든 그만 두는 거야. 약속해."

태범이 굵직한 목소리로 말했다. 다음주 일요일 오디션 보는 날까지 소영도, 예랑이도 모두 설렐 것 같았다.

"예랑아, 학원 재미있을 것 같니?"

"네."

예랑이의 밝은 표정을 보니 소영도 기분이 좋아졌다.

"엄마가 예랑이가 잘 할 수 있도록 든든한 버팀목이 되어줄 게. 예랑이도 열심히 할 수 있지?"

예랑이는 끄덕끄덕 고개를 위 아래로 흔들었다. 고개를 세차게 흔드는 폼이 귀여웠다.

"자, 엄마랑 약속하자."

소영은 예랑이에게 새끼손가락을 내밀었다. 소영은 딸아이와 약속하면서 어쩐지 모든 것이 잘 될 것 같다는 생각이 들었다. 그들을 바라보는 태범도 자신의 머릿속을 가득 채우고 있던 염려들을 잠시 접어두기로 했다. 곧 봄이 올 것 같았다.

연기 수업의 교육적 효과

요즘 초등학교에서 '연극놀이' 라는 이름으로 학교 수업에 연기를 활용하는 경우가 많이 있습니다. 연기의 교육적 효과가 그만큼 크다는 것을 알 수 있는 부분이기도 합니다.

연기는 혼자 하는 것이 아니라 누군가와 함께 하는 것입니다. 연출을 하는 사람도 있고, 무대를 꾸미는 사람, 대본을 쓰는 사람들도 있습니다. 때문에 서로 함께 호흡하는 것이 중요합니다. 아이들은 연기 수업을 받는 동안 사람과 호흡하는 법을 배워갑니다. 요즘 아이들은 형제가 많지 않기 때문에 다른 사람을 잘 이해하지 못하는 경우가 있습니다. 그러나 연기 수업을 통해 타인의 감정을 느끼면서, 아이들은 사람과 세상과 소통하고 사회성을 길러나갑니다.

또 연기 수업은 아이의 성격을 변화시킵니다. 내성적인 아이를 적극적으로 만들기도 하고, 덜렁거리는 아이에게 집중력을 키워주기도 합니다.

21세기는 말 잘하는 아이, 리더십을 가진 아이가 인정받은 시대입니다. 뛰어난 화술과 리더십은 사람을 이해하고, 자신의 감정을 표현하는 것에서부터 출발합니다. 타인을 이해하고, 자신을 표현 할 수 있도록 도와주는 연기 수업은 연예인을 꿈꾸지 않는 아이라 할지라도 권하고 싶은 교육입니다.

유아부 연기과정 커리큘럼

*자료 : MTM 제공

기초반 · 연구반			유아전문반		
1개월	놀이를 통한 연기 실습 _ 화술연습	〔흥미유발 단계〕 • 놀이를 통한 신체훈련 • 자기표현 오감훈련 (음악에 맞춰 율동하기)	13개월	표정연기 실습	〔심화표현 연습〕 희, 노, 애, 락 표현 연습하기
2개월	짧은 대사를 이용한 상황분석 및 감정 연기 실습		14개월		
3개월	1~2인극을 통한 자연스러운 화술의 교류 및 움직임의 실습 _ 기본동작, 감정연기 (월1회 실시)	〔화술 및 신체훈련〕 • 자연스러운 신체 움직임 만들기 • 발성, 발음훈련	15개월	고급연기 (오디션 대비 독백훈련)	〔기본 연기 능력 향상 단계〕 표정관리, 짧은 대사 내용분석
4개월			16개월		
5개월	화술과 카메라 워크 (자연스러운 움직임과 시선처리) 표정연기 실습	〔주의 집중력 강화 단계〕 • 소리와 리듬에 반응하기 • 방송 용어 설명 발표력, 표현력 증가	17개월	생활연기, (TV신 연기)	〔방송, 음향, 카메라 실습〕 감각의 발달과 본능을 통한 자연스런 연기훈련
6개월			18개월		
7개월	방송출연 기회 부여, 보조 또는 단역 기회 제공	Photo Pose, Profile 촬영 및 분석 VTR 촬영/모니터링 (부모님과 함께) 월 2회	19개월	야외촬영 (VTR 실습)	
8개월			20개월		
9개월		〔오디션 대비 예행연습〕 이미지 메이킹	21개월	고급연기 (심화학습)	방송대본의 이해 및 상대역과 심리 연구하기
10개월	사물, 동물 감정이용 연기	〔중급 연기 실습〕 • 2인 이상과 대화(대사)하기 • 대사와 동작을 병행하는 연기 • 카메라 앞에서의 기본자세	22개월		
11개월	2~3인 연기 표현력 향상		23개월	생활연기 꾸미기 및 디테일 꾸미기	카메라 움직임
12개월			24개월		극작 실습

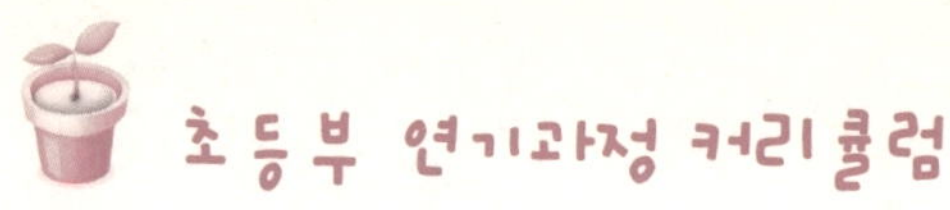

초등부 연기과정 커리큘럼

*자료 : MTM 제공

기초반 · 연구반			초등전문반		
1개월	놀이를 통한 연기 실습 _ 화술연습	〔흥미유발 단계〕 • 놀이를 통한 훈련 • 자기표현과 함께 감정표현	13개월	영화, 연극 작품 오디션 준비	〔순발력과 창의력 훈련〕 내용 분석과 상황극
2개월	엄마와 함께 메이크업 (월1회 실시)		14개월		
3개월	재즈,뮤지컬 특강 기본동작, 감정연기 (월1회 실시)	〔화술 및 신체훈련〕 • 한글 습득 능력 함양 • 몸 다스리기, 발성 훈련, 발음훈련	15개월	고급연기 상대 배우와의 교감훈련	〔기본 연기 능력 향상 단계〕 • 2인 이상과 대화(대사)하기 • 표정관리, 짧은 대사 내용분석
4개월			16개월		
5개월	화술과 카메라 워크 (움직임) (월2회 실시)	〔주의 집중력 강화 단계〕 • 소리와 리듬에 반응하기 • 방송 용어 설명 • 발표력, 표현력 증가	17개월	연극 및 영화 관람	〔기본 연기 능력 구축 단계〕 감각의 발달과 본능을 통한 자연스런 연기훈련
6개월			18개월		
7개월	방송출연 기회 부여, 보조 또는 단역 기회 제공	Photo Pose, Profile 촬영 및 분석 VTR 촬영/모니터링 (부모님과 함께) 월 2회	19개월	사물, 동물 감정 이용 연기 야외 촬영 (VTR 실습)	
8개월			20개월		
9개월		〔장면연습〕 이미지 메이킹	21개월	상황극 및 즉흥연기 마임훈련 체험식 연기 집중훈련	방송대본의 이해 및 상대역과 심리 연구하기
10개월	특기개발 오디션 실시	〔배역 수행 능력〕 • 2인 이상과 대화 (대사)하기 • 대사와 동작을 병행하는 연기 • 카메라 앞에서의 기본자세	22개월		
11개월	2~3인 연기 표현력 향상 (월1회 실시)		23개월	생활연기 꾸미기 및 TV신 연기	카메라 앞에서 표정연기
12개월			24개월		극작 실습

설레는 첫 오디션

"예랑아! 어서 일어나야지. 오늘 학원 오디션 있잖아!"

'아직도 자고 있겠지?'

소영은 방문을 열고 깜짝 놀랐다. 예랑이 벌써 일어나서 씻고, 하늘색 원피스와 분홍색 원피스를 들고 고민 중이었다.

"엄마, 어떤 것이 예뻐요?"

예랑이는 일요일에 항상 늦잠을 잤다. 아침을 먹으라고 깨워도 잘 일어나지 않았다. 그런데 오늘은 깨우기도 전에 일어나서 씻고, 옷까지 고르고 있는 것이었다. 소영의 입가에 잔잔한 미소가 번졌다. 지난 일주일 동안 예랑이가 오디션 보는 날을 눈이 빠지게 기다려 온 것을 소영은 누구보다 잘 알고 있었다. 학원에서 받아온 짧은 대본을 들고 딸아이가 연습하던 것을 소영은 보았다.

"아빠, 나 잘 하나 봐 주세요. 자, 시작해요."

퇴근하고 온 아빠를 막무가내로 붙잡고 연기 하는 것을 봐 달라고 조르기도 했다.

"그래. 우리 예랑이 어떻게 하나 볼까."

태범이 웃으면서 소파에 앉자 예랑이는 한껏 폼을 잡고, '큼큼' 목소리도 한 번 다듬었다. 여러 가지 목소리를 흉내기도 하고, 또 다른 목소리를 만들면서 오디션 연습을 하는 예랑을 보면서 태범도 소영도 흐뭇했다.

학원 입구에는 사람들로 가득했다. 엄마 손 잡고 온 아이들부터 나이가 지긋해 보이는 중년의 남자와 가정주부로 보이는 여자도 있었다. 나이도 성별도 각기 다른 사람들이 오디션을 보려고 기다리고 있었다.

30분 정도 일찍 도착한 소영은 원서를 작성했다. 소영은 주위를 둘러보았다. 옆에서 한 엄마가 원서를 작성하고 있었다. 원서를 작성하던 엄마는 사진을 꺼내서 원서 옆에 붙였다. 전문 스튜디오에서 찍은 듯한 프로필 사진이었다. 소영은 당황했다. 원서를 내는 학부모들의 사진도 보았다. 다들 어린이 전문 스튜디오, 혹은 프로필 전문 스튜디오에서 찍은 사진이었다. 소영은 가방에서 예랑이의 사진을 꺼냈다. 작년 여름에 가족 여행에서 찍은 사진이었다. 소영은 오디션을 보기 위해서 프로필 전문 스튜디오에서 프로필 사진을 찍어야 하는 건지 미처 몰랐다. 귓불까지 빨갛게 달아오르는 것 같았다. 갑자기 예랑에게 미안한 생각이 들었다.

"어머니, 왜 그러세요?"

소영은 말소리가 들리는 곳을 쳐다보았다. 처음 학원에 왔을 때 상담을 해 주었던 선생님이었다.

"네. 선생님. 사진이……."

소영은 자기도 모르게 말끝을 흐렸다. 상담 교사는 소영의 손에 들려 있는 사진을 바라보고는 알겠다는 듯한 표정을 지었다.

"어머니, 괜찮습니다. 사진이 선명하고, 예쁘게 나왔네요."

소영은 살짝 웃어 보였다. 상담 교사의 말 때문인지 맘이 한결 누그러졌다.

"선생님, 저 프로필 사진은 어디서 찍나요? 제가 너무 모르죠?"

소영은 멋쩍게 웃었다.

"프로필 사진을 찍어주는 전문 스튜디오들이 있습니다. 학원생들 대부분이 프로필을 그런 스튜디오에서 찍습니다."

소영은 선생님이 건넨 명함을 한 장 받았다.

사람들이 많이 있었기 때문에 대기 시간은 길었다. 예랑이는 지치지도 않는지 대사를 계속 우물거렸다.

"강예랑 학생, 이준목 학생, 한주희 학생 들어오세요. 부모님들도 같이 들어오세요."

　오디션은 세 명이 한 조가 되어서 진행 되었다. 오디션 장에는 심사를 맡은 선생님이 한 분 앉아 계셨다. 가끔 TV나 신문에서 본 적이 있는 분이었다. 오디션 장의 한쪽에는 카메라가 있었고, 카메라 테스트를 모니터 할 수 있는 화면이 놓여 있었다. 심사를 맡은 선생님은 매서운 눈초리로 아이들을 쭉 살펴보고는 입을 열었다.

　"준목아!"

　선생님은 가운데 서 있는 남자 아이의 이름을 불렀다. 눈초리는 매섭지만, 목소리는 브리오슈 빵처럼 부드러웠다.

　"넵!"

　노란 스웨터를 입고 있는 남자 아이는 긴장을 했는지 오디션 장이 쩌렁쩌렁하게 울리도록 큰 목소리로 대답했다.

　"자, 긴장 풀고. 준목이는 여기 왜 왔니?"

　"네. 전 훌륭한 연기자가 되고 싶어서 왔습니다."

　남자 아이의 목소리 톤이 조금 떨렸다.

　"어떤 연기자를 훌륭한 연기자라고 생각하니?"

　"네. 저기 그러니까……."

　남자 아이는 말을 더듬거렸다.

　"준목아! 연기자는 표현력이 중요하단다. 자기를 잘 표현하지도 못 하는 사람이 어떻게 다른 사람의 삶을 표현할 수 있겠니? 앞으로는 언제 어디서든 누가 물어보면 자신 있게 자신의 생각을 표현할 수 있도록 노력하렴."

예랑이는 옆에 서 있는 남자 아이를 보면서 예상되는 질문들을 생각했다. 예랑이는 입술이 바짝바짝 타 들어가는 것 같았다. 혀로 입술에 살짝 침을 발랐다. 소영은 그런 예랑이를 보면서 자신의 손에도 땀이 나는 것 같았다.

"자, 그럼 주희야! 주희는 혼자 왔니?"

"네!"

예랑이는 맨 마지막에 서 있는 여자 아이를 바라보았다. 엄마도 없이 혼자서 오디션을 보러온 주희란 아이가 대단해 보였다.

"왜 혼자 왔니? 엄마가 싫어하시니?"

"네. 엄마에게 말씀 드렸는데 아직 허락하지 않으셨어요. 오디션 보고 말씀드리려고요."

심사 선생님의 얼굴이 살짝 굳었다.

"나이가 어리기 때문에 부모님이 허락 하시지 않으면 연기를 배우기 힘든 건 알고 있니?"

"네. 꼭 부모님 허락을 받을 거예요."

예랑이는 심사 선생님의 말에 괜히 기가 죽는 것 같았다. 그러나 주희란 아이는 자신 있게 대답했다.

'어디서 저런 자신감이 나올까.'

예랑이는 자신에 차있는 주희가 부러웠다.

"강예랑."

예랑이가 잠깐 다른 생각을 한 사이에 심사 위원 선생님이 예랑이를 불렀다.

"넵!"

예랑이는 자신도 모르게 큰 소리가 나와서 깜짝 놀랐다.

"예랑이는 여기 왜 왔지?"

"네. 전 사람들 앞에서 말도 잘 못하고, 낯선 사람을 보면 많이 떨립니다. 하지만 노래 부르고, 연기 하는 것도 좋아합니다. 그래서 연기를 배우려고 왔습니다."

예랑이는 작은 목소리로 애기했다. 목소리 톤도 다소 떨렸다. 소영은 예랑이가 더듬거리지 않는 것만도 다행이라고 생각했다.

"예랑아, 다른 사람들 앞에서 말하는 것은, 그리고 무대에 서는 것은 떨리고 힘든 거란다. 하지만 연기를 하려면 목소리를 지금 보다는 더 크게 해야 한단다. 그래도 대답을 아주 잘 했구나. 예랑이는 참 똑똑한 것 같다. 자, 그럼 준목이부터 대사 해 볼까? 준목이 큐!"

예랑이는 선생님의 말씀을 들으면서 맘이 조금 놓였다. 준목이와 주희를 바라보았다. 예랑이는 속으로 연습했던 대본을 생각했다. 다른 아이들은 모두 잘 하는 것 같았다.

"자, 예랑아, 대사 큐!"

선생님의 목소리가 들렸다. 예랑이는 깊이 심호흡을 했다.

할 수 있는 만큼 최대한 큰 소리로 연기를 했다. 앞에 놓인 모
니터에 자신의 얼굴이 보였다. 예랑이는 마음속으로 자신이 훌
륭한 연기자라고 상상하면서 연기를 했다.

기분이 좀 이상하다. 그게 어떤 기분이냐 하면,
TV를 보면 '정의의 흑기사'라는 만화를 하는데,
그 만화를 볼 때하고, 똑같은 기분이다.
그 만화에 나오는 흑기사를 생각하면 막 가슴이 뛰
고, 얼굴도 빨개지고, 밥 먹을 때도, 잠 잘 때도 생
각이 났다.
나는 지금 그 아이 때문에 막 가슴이 뛰고, 얼굴이
빨개진 것을 알았다.
내 생각에는 아마 밥 먹을 때도 생각나고, 잠 잘
때도 생각 날 것 같다.

연기를 다 끝내고 예랑이는 인사를 꾸벅했다. 소영은
예랑이가 대견스러웠다. 아이는 항상 부모가 믿어주는 것
만큼 반응한다. 아이를 기다려주지 못하는 부모의 조급함이 아
이를 탓하는 것이다. 많이 부족하고, 어색하지만 예랑이가 얼

마나 큰 용기를 내고 있는지 소영은 알 수 있었다. 오디션 장을
나오면서 소영은 예랑이의 두 손을 꼭 잡아 주었다. 집에 가는
길에 칭찬을 해 주어야겠다고 소영은 속으로 다짐했다.

훌륭한 연기자가 되려면 무엇이 필요할까요?

사소한 생활의 발견으로 아이의 끼와 재능을 알 수 있습니다. 그러나 끼와 재능만으로 훌륭한 연기자가 될 수는 없습니다. 백조가 자신의 깃털을 평소 꾸준히 다듬듯, 훌륭한 연기자는 꾸준한 노력이 필요합니다. 꾸준한 노력, 이것만은 절대 잊지 마세요!

1. 책을 읽을 수 있도록 도와주세요

요즘은 독서 열풍이 한창입니다. 2008학년 대입부터는 논술이 강화된다는 발표가 있었습니다. 학교나 집에서 아이들에게 책 읽기를 권하고 있습니다. 훌륭한 연기자가 되기 위해서 독서는 선택사항이 아닙니다. 특히 아역배우의 경우 경험이 부족하기 때문에, 책을 통한 간접 경험이 무엇보다 중요합니다. 평소 책을 가까이 할 수 있도록 지도해 주세요.

2. 자신감과 책임감, 그리고 도전 의식을 키워주세요

아이에게 부정적인 말을 삼가고, 사소한 일이라도 칭찬해 주세요. 그러다 보면 아이에게는 자신감이 생겨날 것입니다. 또 모든 일을 선택할 때 아이의 의견을 존중해 주시고, 선택할 수 있는 기회를 마련해 주세요. 스스로 선택하는 기회가 많아질수록 책임감이 강해질 것입니다. 책임감은 공인이 갖춰야 할 또 하나의 덕목입니다.

3. 건강한 아름다움을 가질 수 있도록 도와주세요

패스트푸드를 요즘은 정크 푸드라고도 합니다. 반대로 슬로우 푸드로 아이의 건강을 지켜주세요. 아이에게 음식 조절과 함께 건강관리가 필요합니다. 특히 학교생활과 촬영을 병행해야 하는 아역배우들에게 건강은 더욱 중요합니다. 건강한 육체 속에서 깊이 있는 연기가 나올 수 있다는 것을 잊지 마세요.

똑 소리 나는 아역배우,
김영찬 군

해맑은 웃음을 짓고 있는 듯하다가도, 언제 그랬냐는 듯 눈물을 쏟는 김영찬 군을 우리는 드라마에서 자주 볼 수 있다. 갑작스러운 스타 탄생에 사람들은 놀랄지도 모른다. 그러나 김영찬 군은 영화 '지구를 지켜라'에서 어린 병구 역할로 데뷔하기까지 오랜 단역 기간을 거쳤다.

얼마 전 방영된 SBS 드라마 '패션 70s'는 어린 동영 역할을 맡은 김영찬 군의 연기가 없었다면 성공하기 힘들었다고 말할 정도이다. 뿐만 아니라 드라마 '파리의 연인'에서도 똑똑하고 영리한 아역 연기를 똑 부러지게 해냈다. 똑 소리 나는 배우, 김영찬 군과의 '똑 소리' 나는 만남은 즐거운 시간이었다.

어릴 적 또래의 다른 아이들과 다르게 조용하고 여린 성격 때문에 연기 학원을 다니게 됐다는 말이 믿기지 않을 정도로 영찬이는 야무지고 다부지다. '만약 주변에 웅변학원이 있었으면 그 곳에 갔을 거예요.'라고 말씀하시는 어머니를 보면서 영찬이가 '웅변학원'에 갔다면 아마 커서 정치인이 되지 않았을까 상상해 보았다. 그만큼 영찬이는 야무지다.

"카메라 앞에서의 자신감이 그대

로 학교생활과 교우관계에서 나타났어요. 영찬이의 밝고 씩씩한 면이 드러났죠."

어머니는 영찬이가 연기를 하고부터 달라진 점이 바로 이것이었다고 말한다. 아이의 학교생활과 교우관계에 대한 어머니의 남모를 고민과 배려가 있었기에 오늘날의 영찬이가 있지 않았을까 생각해 본다.

2004년 SBS 아역 연기상을 받은 기쁨만큼이나 힘들었던 순간도 많았다. 새벽에 잠이 쏟아지는 것을 참아가며 촬영에 임해야 했고, 추운 겨울 얇은 옷만 입고 야외 촬영을 해야 했다. 자고 싶은 생리적 욕구와 추운 날씨의 매서운 추위를 이겨내는 고통은 성인 연기자들도 참기 힘든 일이다. 그러나 영찬이는 그렇게 힘든 순간을 잘 이겨냈다. 여린 듯, 곧 눈물을 흘릴 것 같은 외모 뒤에 다부지고 야무진 연기에 대한 열정이 숨어있었기 때문은 아닐까.

'너무 여린 역할 때문에 이미지가 울보로 굳어지진 않을까.' 걱정인 어머니는 영찬이가 까불고 심술궂은 악동 역할을 했으면 좋겠다고 말씀하신다. 그러나 영찬이는 어머니의 이런 맘을 아는지 모르는지 가슴 아픈 장애인 역할을 해보고 싶다고 말한다. 또 곧 눈물이 흐를 것 같은 표정으로.

영찬이와 만나는 동안 '어떤 모습이어도 좋다' 라는 생각이 머리를 떠나지 않았다. 여리고 가슴 아픈 역할이든, 아니면 악동 역할이든 영찬이는 주어진 역할을 성실하게 잘 해낼 것이라는 믿음이 생겼다.

어른이 되어서는 무엇이 되고 싶냐고 묻자, 영찬이는 주저 없이 대답한다. "당연히 배우죠. 지금처럼 성실한 배우가 되고 싶어요." 그 당차고 야무진 대답처럼 영찬이가 어떤 역할을 하든지 지금보다 더욱 빛나는 모습으로 우리 곁에 있을 것이란 믿음을 가져본다.

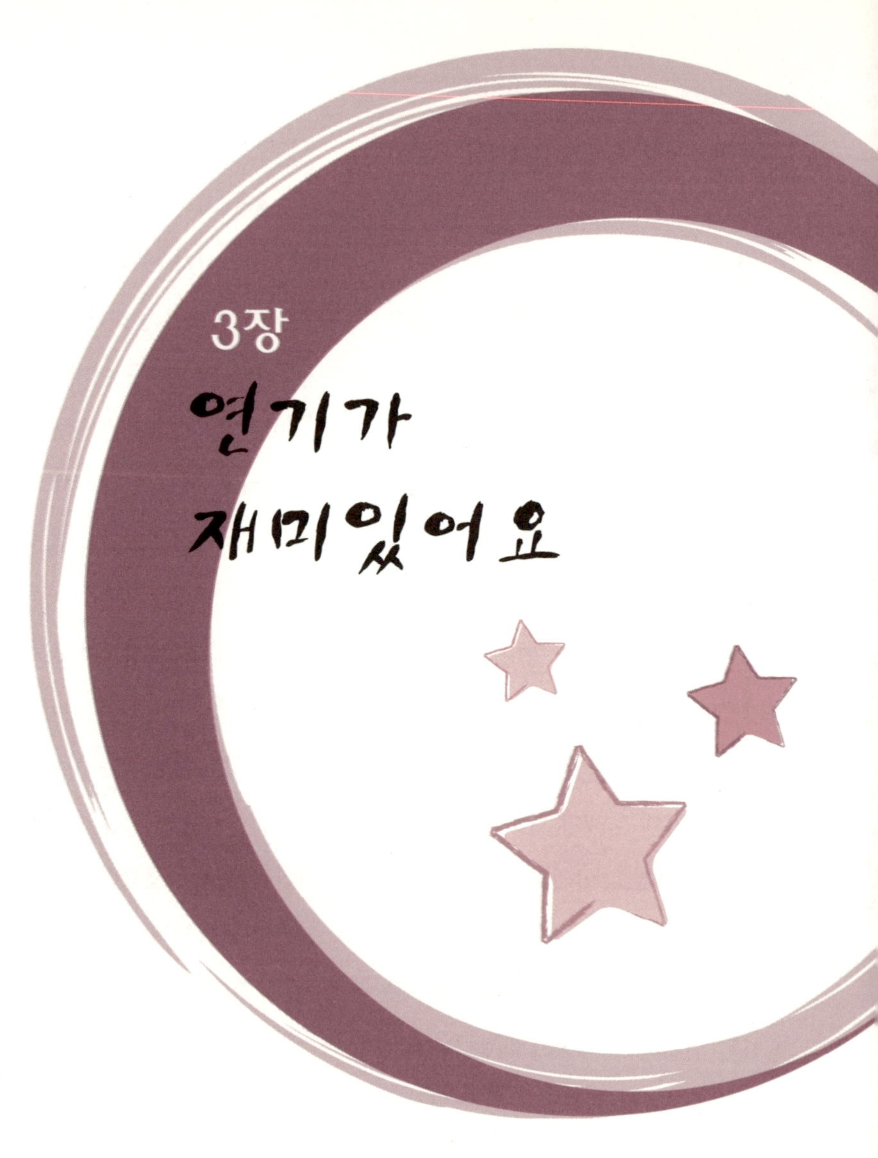
3장
연기가
재미있어요

대사를 위한 정확한 발음과 아름다운 목소리

학원에서 오디션에 합격했다는 연락이 왔다. 예랑이는 폴짝폴짝 뛰면서 좋아했다.

"예랑아, 지금부터 힘들지도 몰라."

소영은 좋아하는 예랑이를 보면서 주의를 주었다.

"엄마, 나 잘 할 수 있어요."

걱정이 되는 소영과 달리 예랑이는 마냥 신나했다.

수업 첫날 예랑이의 담임선생님을 만났다. 예쁜 여자 선생님이었다. 긴 머리에 단아해 보이는 인상이었다.

"아-아-아-아-아."

"도-레-미-레-도, 레-미-파-미-레, 미-파-솔-파-미, 파-솔-라-솔-파."

수업의 첫 시작은 발성연습으로 시작했다. 음악 시간에 연습하는 것 같았다. 선생님은 연습할 때는 항상 배로 숨을 쉬어야 한다고 했다.

'배로 숨을 쉬라고? 배에 힘을 주는 건가?'

예랑이는 어떻게 하는 것이 배로 숨을 쉬는 건지 이해가 되지 않았다.

"배로 숨 쉬는 걸 잘 모르겠어요."

"예랑아, 다리를 어깨너비로 벌리고 허리를 꼿꼿하게 편 다음 어깨 힘을 빼고 양쪽 손을 배꼽 아래로 가져가 보렴. 자, 이제 선생님을 따라해 보렴. 아-아-아-아-아."

예랑이는 선생님이 시키는 대로 따라했다. 아랫배가 묵직해지는 것 같았다.

"그래. 그렇게 하는 거란다. 우리 예랑이 정말 잘하는구나."

예랑이는 칭찬을 들으니 기분이 좋아졌다. 더 잘할 수 있을 것 같다는 생각이 들었다. 계속되는 발성연습과 발음연습이 조금 지루했지만, "연기자는 아나운서만큼이나 정확하게 말해야 해요."라는 선생님의 말을 되새기면서 열심히 따라했다.

선생님은 칠판에 표를 붙였다. 글자를 처음 배울 때처럼 '가, 갸, 거, 겨, 나, 냐, 너, 녀' 읽어갔다. 코미디 프로그램에서 연예인들이 하는 것 같은 짧은 문장도 따라했다.

"주희야, 이거 정말 웃긴다."

예랑이는 자기 혀가 꼬이고, 발음이 뭉개지는 것이 웃기고, 재미있었다.

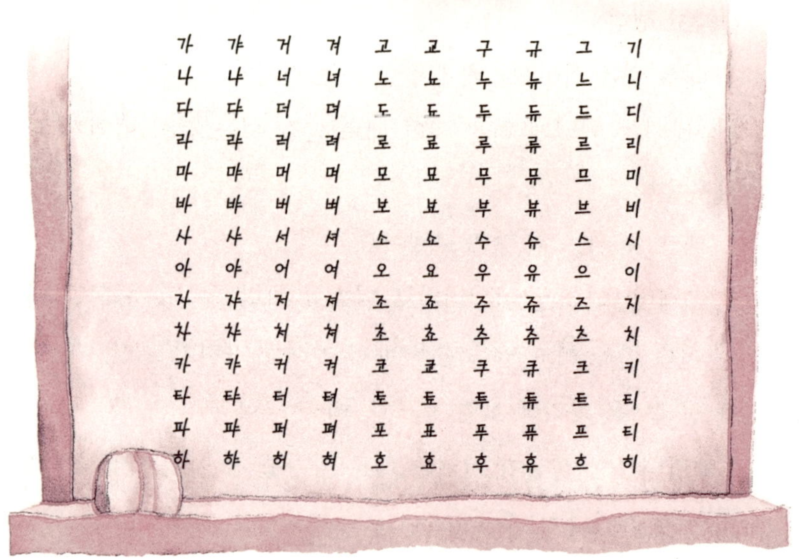

"큭큭! 정말 재미있다."

예랑이는 선생님을 열심히 따라했다. 선생님의 발음은 틀리는 곳 하나 없이 정확했다. 예랑이는 선생님이 신기했다.

'나도 열심히 연습하면 선생님처럼 잘할 수 있겠지.'

예랑이는 열심히 연습해야겠다고 생각했다. 학교에 가서 책을 읽을 때도 이제는 입을 크게 벌리고, 연습하듯이 책을 읽어야겠다고 생각했다.

'엄마한테도 오늘 연습한 것 보여줘야지.'

예랑이는 기분이 좋아졌다. 발성연습과 발음연습을 하면서 자신의 목소리 중에서도 더 예쁜 목소리가 있고, 예쁘지 않은 목소리가 있다는 것을 알게 되었기 때문이다. 예랑이는 주희, 준목이도 좋았다. 좋은 친구가 생긴 것도 예랑이를 가슴 설레게 했다.

아이가
달라지고 있어요

첫 수업이 끝나고 예랑이가 강의실을 나왔다. 벌써 친구를 사귀었는지 아이들과 함께였다. 예랑이의 오른쪽에 야무져 보이는 여자 아이가 주희인 듯 했다. 그 옆에 있는 남자 아이가 준목인 것 같았다. 소영은 아이들을 기다리면서 준목이 어머니, 주희 어머니와 이야기를 나누었다. 주희 어머니는 아직도 주희가 학원에 다니는 것이 영 못마땅한 모양이었다.

"어린 것이 왜 하고 많은 것 중에 이런 걸 한다는지 몰라요."

한숨과 함께 터져 나온 주희 어머니의 목소리가 조금 컸는지 주위에 앉아 있는 다른 학부모들이 소영이 있는 쪽을 바라보았다.

"그래도 주희 어머니, 주희가 저렇게 좋아하는 걸요. 우리 예랑이는 집에 오면 주희 얘기 밖에 하지 않을 정도예요."

"그래도 전 아직도 시키고 싶지 않아요. 애가 하도 하겠다고 밥도 안 먹고 졸라서 시키긴 했지만요."

주희 어머니는 자신의 생각에 변화가 없다는 듯이 입을 꾹 다물었다. 소영은 더 이상 아무 말도 하지 않았다. 소영도 가끔은 자신의 욕심으로 학원에 보낸 것이 아닌가 하는 생각을 할 때가 있었다. 그러나 학원을 다니면서 예랑이는 많이 달라졌다. 소영은 숫기 없는 예랑이 때문에 항상 신경이 쓰였다. 연기 학원 덕에 엄마와 아빠 앞에서는 말도 또박또박 하고, 말꼬리도 흐리지 않게 되었지만 밖에 나가서는 마찬가지였다. 예랑이는 자기가 맡은 역할 이외에는 어떤 것에도 반응을 보이지 않았다. 소영의 걱정은 이만저만이 아니었다. 그런데 며칠 전 예랑이의 학교 담임선생님에게서 전화가 왔다.

소영이 예랑의 담임선생님으로부터 전화를 받은 것은 점심 때가 조금 지나서였다.

"여보세요? 예랑이 어머니, 저 예랑이 담임입니다."

소영은 학교에서 예랑이에게 무슨 문제가 있는 것은 아닌가 싶어서 가슴이 덜컹 내려앉았다.

"네. 선생님 예랑이에게 무슨 문제라도 있나요?"

"아니요. 요즘 예랑이가 많이 변한 것 같아서요. 전보다 많이 밝아지고, 이전에는 수업시간에 발표 같은 것은 하지도 않으려고 했거든요. 그런데 요즘은 시키지 않아도 발표도 잘하고, 아이들하고 지낼 때도 자기감정을 잘 표현하는 것 같아서요. 그래서 집에서는 어떤지 궁금해서 전화 드렸어요."

소영은 가슴을 쓸어 내렸다. 부모 마음이 다 그렇겠지만 선생님에게 전화가 오니 무슨 문제라도 있는 것인가 하고 긴장하고 있었던 탓이었다.

"실은 예랑이가 요즘 연기 학원에 다녀요."

"그렇군요. 어쩐지 예랑이가 요 몇 달 많이 달라 보인 게 그 때문이었군요."

소영은 품 안으로 달려오는 예랑이를 보면서 담임선생님과의 대화를 떠올렸다. 소영이 보기에도 예랑이는 이전과 많이 달랐다.

예랑이는 주희를 소영에게 인사시켰다. 소영은 주희 엄마와 주희에게 인사를 하고 학원을 나왔다. 소영은 예랑이를 보면서 선생님의 말을 떠올렸다. 자기감정을 잘 표현하고, 발표력도 많이 늘었다는 말에 연기를 가르치길 잘 했다는 생각을 했다. 고슴도치도 제 자식은 예쁘다고 한다지만, 소영은 예랑이의 작은 변화들에 놀라고 있었다. 아이에게 가장 중요한 것은 자신이 잘할 수 있는 일을 찾아주고, 그에 맞도록 부모가 도와줘야 한다는 것을 소영과 태범은 조금씩 배워가고 있었다.

소영은 학원에서 집으로 가는 지하철까지 예랑이의 손을 잡고 걸었다. 봄이라 날씨가 포근해 예랑이도 소영도 기분이 좋아 저절로 이야기가 나왔다.

"오늘 수업은 어땠니? 재미있었던 모양이구나."

"엄마, 같은 수업 듣는 언니가 자꾸 사투리를 써요."

"그래. 예랑이는 사투리가 재미있나 보구나."

"TV에서 말고는 처음 들어봐요."

서울에서 나고 자란 예랑이에게 사투리를 쓰는 친구가 신기하고, 재미있었던 모양이다.

"그런데 예랑아, 그 언니 집이 어디니?"

"강원도래요."

"강원도? 강원도에서 서울까지 오는 거야?"

소영은 2시간이 넘는 거리를 일주일에 세 번 혹은 그 이상을 올라오는 부모님과 아이가 대단하게 느껴졌다. 혹 아이가 지치지는 않을까 하는 생각이 얼핏 들기도 했다. 부모 마음은 다 같다고 하지 않는가.

"엄마, 근데 언니는 연기 수업을 정말 좋아해요. 그래서 하나도 힘들지 않은가 봐요. 지난번에 자기소개 때도 꼭 훌륭한 배우가 될 거라고 말했어요."

소영은 아이들에게도 어른 못잖은 꿈과 열정이 있을지도 모른다고 생각했다. 아이들의 꿈과 열정을 어른들이 재단하고 막아서, 오히려 다양한 색깔을 가진 아이들을 무채색의 아이들로 만들어 버리는 것이 아닐까 싶었다.

얼마 전 TV에서 8살 나이에 대학에 들어간 영재 소년을 보여준 적이 있었다. 물론 그 8살 소년이 어려운 물리학 문제를 푸는 것도, 원서로 되어 있는 과학 서적을 읽는 것도 신기한 일이었다. 그러나 무엇보다 소영의 관심을 끈 것은 천재소년 부모님의 교육철학이었다. 아이가 하고자 하는 것에 한번도 'NO'라고 말한 적이 없다는 것이었다. 부모가 아이에게 'NO'라는 말을 할 경우 아이는 겁을 내게 되고, 자신이 할 수 있는 일까지도 자기검열을 하게 된다는 것이었다. 이런 교육방식은 비단 천재소년의 부모 이야기만은 아니었다. 미국 영화계의 대부 스필버그도 자신의 선택에 대한 어머니의 적극적인 믿음과 후원이 있었다는 인터뷰를 본 적이 있다. 소영은 자신이 아이를 과소평가하거나, 아이의 생각을 재단해서 아이 스스로 자기검열에 빠지게 하지는 않았을까 하고 때때로 반성했다.

"엄마, 선생님이요, 강원도에 살아도 강원도 사투리를 쓰면 안 된다고 하셨어요."

"그래?"

소영은 예랑이가 하는 말을 진지하게 들어주었다. 수업이 끝난 뒤 예랑이가 하는 말은 모두 수업의 연장이었다.

"네. 선생님이 '1년 내내 강원도 사투리를 쓰는 배역을 맡을 수는 없어'라고 했어요."

예랑이는 선생님의 굵직하고, 허스키한 목소리를 흉내 내면서 말했다. 소영은 예랑을 보면서 흐뭇하게 웃었다. 아이가 예전하고 달라진 것은 소영이가 봐도 확실한 듯 했다.

"그럼 어떻게 해야 한다고 하시니?"

"선생님이 사투리는 꼭 고쳐야 한대요. 그리고 다른 사람의 발음을 귀 담아 들어야 한대요."

"선생님이 또 뭐라고 하셨니?"

"음, 선생님이요, 주희한테 애기처럼 말하지 말라고 했어요."

"주희가 애기처럼 말하니?"

소영은 오디션 보는 날 또박또박 말을 잘하던 주희를 떠올렸다. 예랑이와는 달리 목소리 톤도 안정되고, 엄마가 반대해서 혼자 왔다고 말할 때도 당당하기만 했었다. 소영은 자신도 모르게 예랑이와 주희를 비교하고 있었다.

"평소에는 안 그러는대요, 수업 시간에 가끔 그래요. '사람'을 '타람' 이라고 하고, 아이스크림을 '아이뜨크림' 이라고 하거든요. 오늘은 '고릴라' 를 '고일라' 라고 해서 선생님한테 혼났어요."

귀여움 받고 싶은 아이의 마음이 발음으로 표현되는 경우가 간혹 있다는 말을 들었던 적이 있었다.

'아무리 어른스러워 보여도 아직 아이는 아이구나.'

소영은 주희 어머니를 떠올렸다. 아이가 연기를 배우고, 연기자가 되고 싶어 하는 것을 용납하지 않는 어머니 앞에서 주희는 어린 아이일 수밖에 없었는지도 모른다. 소영은 예랑이가 주희를 좋아하니 엄마들끼리도 서로 친하게 지내는 것이 좋겠다고 생각했다.

멀리서 주희와 주희 어머니도 천천히 걸어오고 있었다.

발음에 주의해 주세요

1. 연음에 신경 써 주세요. 발음을 할 때는 앞 음절과 뒤 음절이 이어서 소리가 나요. 이것을 연음이라고 합니다.
예) 옷을 → [오슬], 값이 → [갑시], 꽃이 → [꼬치]

2. 정확한 '의' 발음을 할 수 있어야 합니다. '의' 발음은 단어의 어느 곳에 위치하는가에 따라서 다르게 소리가 납니다.
① 단어의 맨 처음에 의가 올 때는 '의'로 발음해 주세요.
　예) 의사, 의무, 의원
② 단어 사이와 끝에 올 때는 '이'로 발음해 주세요.
　예) 한의사 → [한이사], 강의 → [강이], 민주주의 → [민주주이]
③ 단어와 단어 사이에 올 때는 '에'로 발음해 주세요.
　예) 나의 고향 → [나에 고향], 민주주의의 꽃 → [민주주이에 꽃]

감정은 저마다 다른 모양을 가지고 있어요

예랑이는 어리둥절했다. 주희가 말을 걸지 않았기 때문이다. 예랑이는 답답하기만 했다. 먼저 말을 걸어 봤지만, 찬바람이 쌩쌩 불었다.

"주희야, 왜 그래?"

대본을 보고 있던 주희가 의자에서 벌떡 일어나 반대편 준목이 자리로 가서 앉았다. 예랑이는 민망했다.

'주희가 왜 그럴까? 내가 뭘 잘못했나?'

예랑이는 아무리 생각해도 딱히 떠오르는 것이 없었다. 예랑이는 주희와 준목이 옆으로 가서 앉으려고 의자에서 일어났다. 그때 선생님이 들어오셨다.

"어? 오늘은 삼총사가 따로 앉았네. 예랑아, 왜 혼자 앉아 있어. 싸웠니?"

선생님의 말에 예랑이는 눈물이 핑 돌았다.

"아니요."

주희가 먼저 대답했다.

"그래? 그럼 오늘 수업하자. 오늘은 감정을 익히는 연습을 하자. 감정은 어떤 것이 있을까?"

"기쁜 감정이요."

"슬픈 거요."

"화나는 것도 있어요."

아이들의 목소리가 여기저기서 터져 나왔다. 주희는 아무렇지 않다는 듯이 아이들 틈에서 선생님의 질문에 대답을 했다. 예랑이는 눈물이 날 것만 같아서 입술을 꾹 깨물었다.

"그래. 감정에는 기쁜 것, 슬픈 것, 화나는 것, 걱정이 되는 것, 나쁜 것도 있겠지. 그리고 놀부 같은 욕심도 있을 거야. 또 뭐가 있을까?"

"사랑하는 거요."

주희였다. 예랑이는 고개를 숙이고 있다가 주희 목소리에 고개를 들었다.

"그래. 사랑하는 것도 있지. 우리가 엄마랑 아빠를 사랑할 수도 있고, 친구를 사랑할 수도 있지. 그리고 동생을 사랑할 수도 있단다. 사랑하는 감정은 연기에서 아주 중요한 거란다. 사람은 사랑을 하지 않고는 살 수 없지. 그 외에도 누구를 미워할 수도 있고, 질투할 수도 있고, 불안해 하고 초조해 할 수도 있단다. 연기를 할 때는 감정이입을 해야 한단다. 그리고 내가 그 인물이 되었다고 생각하는 거야."

선생님은 아이들에게 대사를 나누어주었다. 『토끼전』에 나오는 용왕의 대사였다. 예랑이는 주희가 신경 쓰여서 선생님 말이 귀에 잘 들어오지 않았다. 무슨 말이든 하고 싶었지만, 너무 멀리 떨어져 있었다. 예랑이는 종이에 적힌 대사를 작은 소리로 읽어보았다. 병에 걸려서 언제 죽을지도 모른다고 생각하고 있는 용왕은 슬플 것 같았다. 큰 소리로 울어야 할 것 같기도 했다. 주희 때문에 울고 싶었는데, 용왕의 대사를 보니 또다시 눈물이 핑 돌았다.

"누가 먼저 해 볼까?"

예랑이는 손을 번쩍 들었다. 선생님은 예랑을 바라보았다. 평소 먼저 손을 들어 하겠다고 한 적이 없어서인지 선생님은 놀랐다.

"그래. 오늘은 예랑이가 먼저 해 볼까?"

"네."

예랑이는 무대 위로 올라서자마자 눈에 눈물이 고였다. 시선을 어디에 두어야 할지 알지 못했다.

"아이구, 이제 나는 꼼짝없이…흑흑…죽게…되었구나. 이렇게 많은 사람들 가운데 내 병을 고쳐줄…흑흑…사람이 아무도 없다니…콜록콜록! 이렇게 내가 그냥 죽게 된다면 이 바다는 누가 지켜줄 것이며, 또한 내 가족들은 누가 보살필까?”

예랑이는 목이 메어 더 이상 대사가 입 밖으로 나오지 않았다. 선생님은 서럽게 우는 예랑이를 바라보았다.

“예랑아. 잘했다. 그만 울고 자리로 가렴.”

예랑이는 무대 위에서 간신히 내려왔다. 예랑이의 눈물은 쉽게 그치지 않았다. 선생님은 말없이 기다려 주었다. 예랑이는 손으로 눈물을 닦았다.

“예랑이 잘했는데 슬픈 감정도, 그리고 울음도 상황에 따라서 조금씩 다르단다. 상황에 따라서는 조용히 흐느낄 수도 있고, 대성통곡 하면서 울 수도 있지. 또 울음을 참으려고 하는데도 눈물이 날 수도 있고, 또 어떨 때는 너무 슬퍼서 오히려 웃음이 나올 때도 있단다. 가슴을 치면서 울 때도 있단다. 이렇듯 상황에 따라서 울음이 다른 거야. 기쁜 것도, 화나는 것도 마찬가지란다. 그리고 울고 싶을 때는 참지 말고 실컷 울어라. 그래야 몸도 마음도 튼튼해진단다.”

선생님과 예랑의 눈이 마주쳤다. 선생님은 예랑을 보면서 환하게 웃어주었다.

소영은 교실에서 나오는 예랑이를 보고 깜짝 놀랐다. 얼마나 울었는지 눈이 퉁퉁 부어 있었다. 소영은 엘리베이터 앞에서 예랑이를 잠깐 기다리게 하고는 선생님을 찾아갔다.

“저, 선생님 예랑이 눈이 부어 있던데, 혹시 울었나요?”

"네. 오늘 감정 익히기 수업 시간에 슬픈 연기를 하면서 울더라고요. 예랑이는 감정이 풍부한 것 같아요."

"선생님, 다른 일은 없었나요?"

"오늘 주희랑 준목이랑 떨어져 앉아 있었어요. 싸운 것 같아요. 그래서 맘이 좀 상해 있었나 봐요. 그런데 때마침 슬픈 연기를 하라고 하니 손을 들고 한 것 같아요."

소영은 연습 중에 울었다는 말에 안심이 되면서도 주희와 준목이와 무슨 일이 있었는지 걱정이 되기도 했다. 선생님께 인사를 마치고 소영은 예랑이에게 왔다. 예랑이는 평소와 달리 수업 애기도 하지 않았다.

"예랑아, 무슨 일 있었니?"

대답이 없었다. 소영은 아이가 말할 때까지 묵묵히 기다려 주기로 했다. 아이에게도 말하고 싶지 않을 때가 있다는 것을 인정했다. 소영은 예랑의 두 손을 꼭 쥐었다.

그날 저녁, 소영이 설거지를 마쳤을 때 예랑이 부엌으로 들어왔다.

"엄마, 저기……."

소영은 오후에 학원 선생님께 들었던 이야기를 예랑이가 하려고 한다는 것을 눈치챘다.

"예랑이 엄마한테 할 말이 있는가 보구나."

"음……. 엄마, 주희가 나랑 말을 안 해요."

예랑이는 또 울 것 같은 표정이 되어 있었다.

"주희한테 물어보지 그랬니. 왜 그러는지……."

"말을 안 해요."

눈물이 글썽글썽 했다. 소영도 맘이 좋지 않았다.

"학원에 가면 주희한테 말하렴. '왜 그러는지 말해줘. 안 그러면 난 잘 몰라' 이렇게 말이야. 그리고 예랑이가 잘못한 일이 있으면, 미안하다며 사과하렴. 그런데 엄마는 예랑이에게 칭찬을 해 주고 싶구나. 많이 속상 했을 텐데도 슬픈 연기를 하라고 할 때 연기를 해서 말이야."

예랑이는 엄마 말을 듣고 나니 좀 안심이 되었다.

'내일 학원에 가면 꼭 주희에게 말을 걸어야겠다.'

예랑이는 말을 하지 않으면 누구도 자신의 마음을 알 수 없다는 것을 알게 되었다. 예랑이는 어떤 감정이든지 잘 기억해 두어야 한다고 생각했다. 주희가 말을 하지 않는 것은 속상하지만, 그래서 오늘 제일 먼저 연기를 할 수 있었다.

'앞으로는 무슨 일이 있을 때 속으로만 생각하지 말고 꼭 말을 해야겠어. 그리고 감정들도 잘 기억해야지.'

예랑이는 어쩐지 오늘 밤에는 잠이 잘 올 것만 같았다.

'주희가 분명 사과를 받아 줄 거야.'

창으로 달빛이 스며 들어왔다. 마치 모든 일이 잘 될 거라는 듯이.

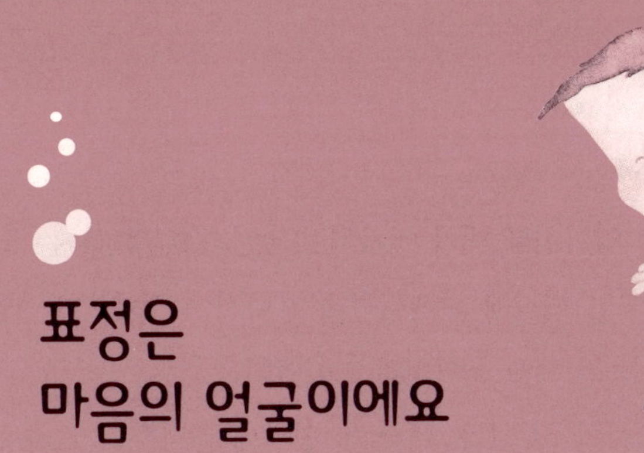

표정은
마음의 얼굴이에요

엘리베이터 입구에서 주희와 주희 어머니를 만났다.

"안녕!"

예랑이는 용기를 내서 말을 걸었다. 주희는 마지못해서 인사를 했다. 아직도 화가 나 있는 것 같았다. 예랑이와 주희는 엄마에게 인사를 하고 교실로 들어갔다. 주희는 먼저 의자에 앉았다. 예랑이는 주희 옆자리에 앉았다. 주희가 벌떡 일어나서 다른 자리로 갔다. 예랑이는 다시 주희 옆자리로 갔다.

"너 왜 자꾸 따라다녀?"

주희의 앙칼진 목소리가 들렸다. 예랑이는 용기를 냈다.

"왜 화가 났니? 네가 말하지 않으면 난 몰라. 내가 잘못한 일이면 사과할게."

주희는 얼굴이 울그락불그락 달아올랐다. 한참 후에 주희는 어쩔 수 없다는 듯이 입을 떼었다.

"네가 너희 엄마한테 내가 애기처럼 말한다고 얘기하는 소리 다 들었어. 수업 시간에 선생님한테 혼나서 속상했는데, 네가 그렇게 말하는 걸 보고 울어버리고 싶었어."

예랑이는 '아차' 싶었다. 며칠 전 엄마에게 사투리가 재미있다고 말하면서, 주희가 애기처럼 말해서 선생님께 혼났던 일을 이야기했던 기억이 났다.

"흉보려고 한 건 아니야. 정말 미안해."

무슨 말이든 더 해야 할 것 같았지만 미안하다는 말 밖에 생각이 나지 않았다. 예랑이는 진심으로 사과했다.

"괜찮아. 이제는 다 풀렸어."

주희도 예랑이의 진심을 알았는지 화를 풀었다. 그때 선생님이 들어오셨다. 선생님은 파란색 원피스를 입고 계셨다. 긴 머리에 파란 원피스가 선생님과 잘 어울렸다.

"선생님, 오늘 너무 예뻐요."

예랑이는 자신도 모르게 그렇게 말해 버렸다.

"예랑이 오늘 기분이 좋은가 보구나."

예랑이는 히죽 웃었다. 조금씩 자신감이 생겼다. 사람은 먼저 말하지 않으면 내가 무슨 생각을 하는지, 내 마음이 어떤지 알 수 없다는 것을 배웠다. 그리고 나를 표현해야 한다는 것도 알게 되었다. 선생님도 예랑의 말에 기분이 좋아진 것 같았다.

선생님은 칠판에 '표정 연습'이라고 쓰셨다.

"표정은 마음의 얼굴이란다. 행복하면 행복한 표정이, 화가 나면 화나는 표정이 얼굴에 모두 나타난단다. 그런데 연기를 하다보면 내가 슬플 때도 기쁜 연기를 해야 할 때가 있고, 내가 너무 행복할 때도 슬픈 연기를 해야 할 때가 있단다. 그러니 평소에 느꼈던 감정들을 잘 기억하고 있다가 연기할 때 숨어있는 감정들을 끄집어내야 한단다. 그럼 우리 돌아가면서 제일 슬펐던 때와 기뻤던 때, 그리고 화가 났을 때 이야기를 해 볼까?"

예랑이는 표정이 얼마나 중요한지 알 것 같았다. 주희가 말을 하지 않았을 때도 주희가 화가 났다는 것을 표정을 통해서 알 수 있었고, 선생님의 기분도 표정을 통해서 알 수 있었기 때문이다.

아이들은 교실의 중앙에 원을 그리고 빙 둘러앉았다. 선생님의 오른쪽에 앉은 아이부터 이야기를 시작했다.

"제가 가장 기뻤을 때는 동생이 태어났을 때였어요. 가장 슬펐을 때는 서울로 전학을 오면서 가장 친한 친구와 헤어졌을 때였고요."

"저는 피아노 대회에서 최우수상을 받았을 때가 하늘을 날아가는 것 같았어요. 가장 슬펐을 때는 할머니가 돌아가셨을 때였어요."

예랑이는 자기가 가장 행복했을 때와 슬펐을 때를 생각했다. 가장 슬펐을 때는 엄마와 아빠가 아침에 자신만 남겨두고 회사를 갈 때였다. 그리고 가장 행복할 때는 연기 학원을 다니게 되었을 때였다. 학원에는 예랑이보다 나이 많은 언니와 오빠도 있었고, 나이가 적은 동생도 있었다. 외동딸인 예랑이는 언니랑 오빠도 생기고, 동생도 생겨서 기분이 좋았다. 그리고 함께 오디션을 보았던 준목이와 주희도 예랑이와 같은 수업을 듣게 되어 너무나 좋았다. 준목이와 주희는 말도 잘하고, 어디서든 자신감이 넘쳤다. 한 번 마음먹고 사람들 앞에 서기까지 수없이 마음을 다잡으며 용기를 내야하는 예랑이와는 달리 준목이와 주희는 거침이 없었다.

예랑이 마음속으로 발표를 매듭짓고 있을 때 남자 아이들 둘이서 킥킥거리면서 웃기 시작했다. 저희들끼리 뭔가 재미있는 이야기를 하고 있는 것 같았다. 아이들은 이제 제법 친해져 수업 중간 중간에 속닥속닥 이야기들을 주고받기도 하고, 특히 남자 아이들은 복도와 선생님들이 계시는 사무실을 뛰어다니기도 했다. 두 명이 킥킥거리더니 곧 전체 아이들이 왁자지껄 떠들었다. 선생님만이 다음 차례가 된 8살 예슬이의 말을 들어주고 있었다. 예슬이의 목소리가 아이들의 떠드는 소리에 잠기자 선생님이 크게 소리를 질렀다.

"다들 조용히 못 하겠니? 조용!"

아이들은 선생님 말에는 아랑곳하지 않았다.

"다들 눈 감아. 누가 눈 뜨라고 했어. 어서 눈 감아."

물 끼얹은 듯 사방이 조용해졌다. 말이 없었다. 아이들은 모

두 긴장했다. 항상 아이들에게 조용조용 말씀하시는 선생님이었다. 그런 선생님이 큰 소리로 아이들을 꾸짖었다.

"우리는 모두 연기를 할 사람들이야. 연기는 혼자 하는 게 아니야. 혼자서 연기한다고 해도 그 자리에 있기까지 의상을 준비해 주신 분들도 계시고, 감독님도 계시는 거야. 연기는 모두 함께 하는 거야. 연기할 사람들이 다른 사람이 발표할 때 그 얘기를 들어주지 않으면 어떻게 하니? 연기를 할 때도 다른 친구들과 함께 해야 하는 건데. 좋은 연기자가 되려면 친구들의 이야기부터 잘 들어줘야 하는 거야. 조용히 다른 친구들의 이야기를 들어줄 사람만 눈 뜨자."

선생님의 말씀이 끝나자 아이들이 하나 둘 눈을 떴다. 머리를 긁적이는 아이도 있었고, 괜히 대본을 뒤적이는 아이도 있었다.

드디어 예랑이 차례가 되었다. 예랑이는 목소리를 크게 내려고 노력했다.

"저는 지금보다 더 어릴 때 엄마랑 아빠가 회사에 출근하시는 아침마다 눈물이 났어요. 그리고 가장 기쁜 것은 지금 학원에서 언니 오빠와 동생, 그리고 친구들을 만나게 된 거예요. 전 언니도, 오빠도, 동생도 없는데 학원에서 많이 만날 수 있어서 참 좋아요."

예랑이는 용기를 내서 이야기를 마무리했다. 한껏 용기를 내 보았지만 어쩐 일일까? 목소리가 심하게 떨렸다. 떨지 말아야지 속으로 다짐할수록 더 심하게 떨렸다. 예랑이는 선생님께 꾸중을 들을까 걱정이 되었다. 어디 쥐구멍이라도 있으면 숨고 싶은 심정이었다.

"예랑이는 발표를 참 잘하는구나."

예랑이는 깜짝 놀랐다. 목소리가 바들바들 떨려서 혼날거라고 생각했는데 선생님께서 칭찬을 해 주시며 환하게 웃어주었다. 가슴이 따뜻해지면서, 앞으로는 더 잘할 수 있을 거란 생각이 들었다.

"자, 오늘은 표정 연습을 하는 거야. 그럼 표정이 뭘까? 우리 알고 있는 것을 다 이야기해 볼까?"

선생님은 의자에 원을 그리고 앉은 아이들을 향해 물었다.

"저요!"

주희가 손을 들었다. 주희는 언제나 열심히 참여했다. 예랑이는 마음속으로 주희를 부러워했다. 예랑이도 주희처럼 말도 많이 하고, 이것저것 시키는 것도 잘하고 싶다는 생각이 들었다. 그러나 막상 용기를 내려고 하면 쉽게 되지가 않았다. 노래하는 것도, 춤을 추는 것도, 대사 연습을 하는 것도 모두 재미있고 좋았지만 선생님이 시키지 않는 것을 스스로 손을 들고 하는 것은 쉬운 일이 아니었다. 예랑이는 주희를 부러운 눈으로 쳐다보았다. 선생님도 주희를 대견한 듯이 쳐다보았다.

“그래. 주희가 한 번 대답해 볼래?”

“네. 표정은 얼굴에 나타나는 것을 말합니다. 표정은 눈과 코와 귀가 움직이는 것을 말합니다.”

“그래. 주희 말이 맞다. 그렇지만 좀 더 크게 보면 목과 가슴, 그리고 어깨와 목소리에도 표정이 있는 거란다.”

예랑이는 선생님 말씀을 마음에 새겼다. 가슴과 어깨, 그리고 목에도 표정이 있다는 말이 잘 이해가 되지 않았지만 왠지 중요한 말인 것처럼 느껴졌다.

선생님은 여러 가지 사진을 보여 주었다. 사진에 나오는 사람들의 표정은 저마다 달랐다. 첫 번째 사진 속의 여자는 눈을 굉장히 크게 뜨고 있었고, 양쪽 눈썹이 위로 올라가 있었다. 그리고 입이 약간 벌어져 있었다. 그리고 여자의 눈동자는 약간 흔들리는 것처럼 보였다.

“준목이부터 말해볼까? 여기 이 사람의 얼굴은 어떠니? 어떤 표정을 하고 있니?”

선생님은 준목이에게 사진을 보여주었다. 준목이는 한참동안 입을 꾹 다물고 있다가 답했다.

“음, 뭔가 많이 놀란 것처럼 보여요.”

“그럼 이 여자는 무슨 일 때문에 놀랐을까?”

“음, 귀신을 보았을 수도 있고, 무서운 장면을 보았을 수도 있고요.”

"그래. 그랬을 수도 있겠구나. 사진 속의 표정을 보고 상상할 줄도 알아야 한단다."

선생님은 두 번째 사진을 보여주었다. 또래로 보이는 남자아이의 사진이었다. 사진 속의 아이는 눈을 반쯤 뜨고 있었다. 아이는 눈을 반쯤 뜨고 어슴푸레하게 보이는 무언가를 바라보고 있는 것처럼 보였다. 예랑이는 아이가 깊은 생각을 하고 있다고 생각했다. 하지만 아이의 표정이 무엇을 말하는지 어떤 상황인지 도통 알 수가 없었다.

선생님은 원을 그리고 둥그렇게 앉아 있는 아이들을 보았다. 아이들의 얼굴을 둘러보던 선생님과 예랑이의 눈이 마주쳤다.

"이번에는 예랑이 답해볼까?"

예랑이는 준목이나 주희처럼 용기를 내야겠다고 생각했다. 예랑이는 3살이나 어린 예슬이가 발성연습을 할 때 큰 소리로 말했던 것이 생각났다. 예랑이는 호흡연습 할 때 배웠던 복식호흡을 길게 내뱉고는 대답했다.

"네. 아이가 멀리 있는 사람을 보고 있는 것 같아요. 오래 떨어져 있던 엄마가 오는 모습을 보고 있는 것 같아요."

"오래 떨어져 있는 사람이 멀리서 오는 것을 보고 있다고 생각했구나. 예랑이도 그런 적 있니?"

"네. 엄마가 회사에 다니셨어요."

목구멍 넘어 오던 소리가 다시 안으로 빨려 들어가는 것 같았다. 선생님은 예랑의 어깨를 살짝 붙잡아 주셨다. 순간 예랑이는 눈물이 핑 도는 것 같았다.

"사람이 마음이 슬프면 슬픈 표정이, 화가 나면 화난 표정이 얼굴에 드러난단다. 그래서 우리는 말하지 않았는데도 엄마가 화가 났는지 아니면 기분이 좋은지 금방 알아챌 수 있지. 연기를 하는 사람도 마찬가지란다. 대사를 하기 전에 이미 사람들은 연기자의 감정을 알아챈단다."

선생님은 아이들을 바라보면서 차근차근 설명해 주었다.

"자, 이제 선생님이 상황을 정해 줄 테니 그 상황에 맞게 한 명씩 얼굴 표정을 지어 보는 거야. 감정을 머릿속으로 그려보는 거야."

선생님은 아이들에게 저마다 다른 상황이 써 있는 종이를 한 장씩 나누어 주셨다. 짧은 대사가 적혀 있는 종이를 읽었다. 예랑이는 선생님이 주신 종이를 읽었다.

아무도 없는 캄캄한 산 속에 나 혼자 있다. 부엉이 우는 소리가 들리고, 나뭇가지들은 모두 귀신처럼 보인다. 그때 누군가 내 발목을 잡는 것 같다.

예랑이는 어떻게 해야 될지 몰랐다. 다른 친구들이 보고 있는데 잘할 수 있을지 걱정이 되었다.

"누가 먼저 할까?"

선생님이 아이들을 둘러보았다. 그때 주희가 손을 번쩍 들었다. 이번에도 주희가 먼저였다. 예랑이는 언제쯤 저렇게 먼저 손을 들고 이야기 할 수 있을까 생각해 보았다. 예랑이에게는 아직 어려운 일이었다. 예랑이는 무대 위에 올라가 있는 주희를 보았다.

"저는 ○○초등학교 3학년에 다니는 한주희입니다."

주희는 자기소개를 멋들어지게 하고, 인사도 꾸벅했다. 주희의 역할은 슬픈 연기인 것 같았다. 두 손을 꽉 쥐었다. 손을 얼마나 세게 쥐었던지 양손이 빨갛게 되었다. 아랫입술을 윗입술로 꽉 깨물기도 하였다.

"선생님, 할머니가 돌아가셨대요. 우리 할머니가 돌아가셨대요. 이제 할머니를 못 본대요. 믿을 수가 없어요."

주희가 갑자기 바닥에 털썩 주저앉았다. 양손으로 얼굴을 가리고 앉은 주희의 어깨가 들썩였다.

"잘했다. 주희가 연기를 잘하는구나."

선생님의 말이 끝나자 주희가 일어서면서 손가락으로 V자를 그렸다. 주희가 무대에서 내려와서 자리에 앉았다. 예랑이는 주희의 귀에 입을 가져다 대고, 귓속말을 했다.

"난 네가 정말 우는 줄 알고, 가슴이 철렁했어. 큭큭."

주희와 예랑이는 소리 내서 웃었다. 다음은 준목이 차례였다. 준목이는 무대 위에 서자마자 사방을 두리번거렸다. 평소의 준목이답지 않았다. 준목이는 한참 무대 위에서 망설였다.

"선생님, 저 못하겠어요. 안 할래요."

"왜? 연기하는 사람이 못 한다고 하면 어떻게 하니? 주어진 역할에 대해서 노력하는 것이 연기자의 기본자세란다."

선생님의 말씀에 준목이는 고개를 숙이고 들릴 듯 말듯 한 소리로 말했다.

"그래도 전 못 하겠어요. 너무 어려워요."

선생님은 준목이의 종이를 가져왔다.

"준목이는 배꼽 빠지게 웃으라고 써 있구나. 다른 친구들도 웃는 것이 가장 어려운 것이란다. 특히 소리 내서 웃는 연기는 말이야. 그럼 준목이는 뭐 할래? 자신 있는 것 해 보렴."

준목이는 바닥에 주저앉았다. 하품을 하고, 뒹굴기도 하고, 몸을 비비꼬기도 했다. 눈은 반쯤 감고 하품을 계속 했다.

"준목아, 지금 무슨 표정 한 거니?"

"할 일이 없어서 지루한 표정이요."

준목이가 웃으면서 대답했다.

"그래. 정말 지루해 보이는구나."

준목이를 나무라던 선생님의 목소리가 조금 누그러졌다. 다음은 예랑이 차례였다. 예랑이는 자신의 종이를 선생님께 드렸다. 선생님은 예랑이가 건네준 종이를 쳐다보고 계셨다.

"예랑이는 무서운 표정이구나. 예랑이 얼마나 무서워하는지 우리 지켜보자."

무대에 서자 친구들의 시선이 예랑이에게 집중했다. 예랑이는 눈동자를 이리저리 굴렸다. 그리고 가끔 머리를 손으로 감싸쥐기도 했다. 불안한 듯이 손톱을 물어뜯었다.

"엄마!"

예랑이 비명을 지르고는, 자리에 주저앉았다. 그때 수업을 마치는 벨이 울렸다. 예랑이는 쑥스러워하며 자리에서 일어났다.

"예랑이 무서운 표정을 아주 잘했구나. 이젠 좀 자신감도 생긴 것 같고. 훌륭한 연기자는 평상시에도 사람들의 표정이 어떤지 잘 관찰해야 한단다. 무서운 표정도, 슬픈 표정도, 그리고 기쁜 표정도 사람마다 모두 다르기 때문이지. 버스를 탈 때도, 같은 반 친구의 얼굴을 볼 때도 어떤 표정을 짓고 있는지 잘 살펴 보도록 하렴. 그래야 훌륭한 연기자가 될 수 있단다. 그럼, 다음 시간에 보자."

수업을 마치고 나오는 예랑이를 보고 소영은 책을 덮었다. 예랑이의 얼굴이 환하게 빛났다.

'주희와 화해했나 보구나.'

소영은 표정을 보고 금방 알아챘다. 혹시 주희가 사과를 받아주지 않아서 시무룩한 얼굴로 나오지 않을까 해서 소영은 수업시간 내내 노심초사하고 있었다.

"주희랑 화해했구나. 우리 예랑이 오늘 큰일했다."

소영은 예랑의 머리를 쓰다듬어 주었다. 오늘은 집에 가면서
예랑이 좋아하는 포크커틀릿 재료를 준비해야겠다고 생각했다.

집에서는 이렇게 지도해 주세요

1. 평소 아이가 자신의 감정을 솔직히 표현할 수 있도록 도와주세요.
   아이에게 자신의 감정을 말로 표현하는 연습을 시키는 것도 좋겠죠.
2. 잡지의 모델이나 텔레비전 속의 배우의 표정을 따라하는 연습을
   아이와 함께 해 보세요. 잡지 모델의 사진을 오려 벽에 붙여 두거
   나, 캠코더로 아이의 표정을 찍어서 엄마와 함께 보는 것도 좋은
   방법이겠죠.

"여보, 예랑이가 많이 아파요."

소영의 얼굴은 잿빛으로 변해 있었다. 아침에 예랑을 깨우러 방으로 간 소영은 온몸에 열이 펄펄 끓는 예랑이를 보고는 깜짝 놀랐다. 출근을 준비를 하던 태범이 급히 예랑이의 방으로 갔다.

"거봐. 아이를 그렇게 굴리더니만……."

태범은 화가 나서 소리를 질렀다. 아내의 잘못이 아니라는 것을 알면서도 아픈 딸아이의 모습을 보니 괜히 소리부터 지른 것이다. 소영은 꼭 죄인이라도 된 듯이 고개를 숙이고 있었다. 태범도 알고 있었다. 예랑이가 연기를 배우는 것을 얼마나 좋아하는지도, 아이가 달라진 것도. 소영이 학교에서 예랑이의 담임선생님에게 전화가 왔었다는 얘기를 들었을 때도 내색은 하지 않았지만 처음에 반대했던 것이 미안하기까지 했었다. 아아들이 커가면서 한두 번씩 큰 병을 앓을 수도 있고, 지금처럼 감기에 걸려서 열이 날 수도 있는 일이었다. 그러나 태범은 아픈 딸을 보면서 아내를 먼저 탓하고 있었다.

"오늘 예랑이 학교도 보내지 말고, 학원도 보내지마."

태범은 아침도 먹지 않고, 문을 쾅 닫고 나왔다. 소영도 마음이 편치 않았다. 워낙 건강한 아이라 1년에 한 번 감기에 걸릴까 말까 한 아이였다. 어제 학원에서 나올 때, 힘들다고 칭얼거리던 아이의 얼굴을 떠올리니 소영은 죄인이 된 듯 했다.

"예랑아, 오늘은 학교도 가지 말고 학원도 가지 말자. 병원 갔다 와서 집에 있자."

소영은 예랑이에게 해열제를 먹이면서 말했다. 예랑이 해열제를 삼키면서 고개를 좌우로 흔들었다.

"엄마, 나 학원 갈래요."

소영은 마음이 아팠다. 학교든 학원이든 아이의 건강이 우선이었다. 소영은 굳이 아픈 아이를 학원에 보내고 싶지 않았다.

"엄마, 오늘 선생님이 판토마임 한다고 했어요. 나 하고 싶어요."

예랑이는 막무가내로 졸랐다. 외동딸인데도 뭘 사달라거나, 해달라고 조르는 아이가 아니었다. 순하고 순하기만 한 것이 소영은 못마땅 할 정도였다. 소영은 계속 조르는 딸아이를 보면서 깊은 한 숨을 쉬었다.

"예랑아, 열 내리면 생각해 보자."

병원에는 사람들이 많았다. 소영은 예랑이의 표정을 살폈다. 안 아픈 척, 괜찮은 척 하는 예랑이가 어른스럽다기보다는 애처롭고 안쓰러웠다.

"예랑아, 오늘 학원에 꼭 가지 않아도 괜찮아. 엄마는 집에서 쉬었으면 좋겠어."

"엄마, 오늘 선생님이 판토마임 한다고 했어요. 가서 보기라도 했으면 좋겠어요."

소영은 아무 말도 하지 않았다. 병원에서는 독감이라고 했다. 어린이들 사이에서 독감이 유행이라고 했다. 약 먹고, 푹 쉬면 나을 테니 걱정하지 말라고도 했다.

시계가 5시를 가리켰다. 학원 갈 시간이었다. 소영은 예랑의 방문을 열었다. 예랑이 일어나서 옷을 갈아입고 있었다.

"예랑아, 정말 학원 갈 거니?"

예랑이는 고개를 끄덕였다. 소영은 더 말리지 않았다.

"대신 힘들면 엄마한테 꼭 말하는 거다."

예랑이는 힘들게 고개를 끄덕였다. 소영은 예랑이를 꼭 안아 주었다. 퇴근시간이라서 그런지 학원으로 가는 길은 꽤 밀렸다. 소영은 예랑이가 걱정되어서 운전을 하면서도 계속 힐끗거렸다. 예랑이는 그런 엄마의 속을 아는지 모르는지 즐거운 표정이었다. 학원에 도착하니 막 수업을 시작하려고 하고 있었다. 소영은 선생님께 예랑이 아픈데도 고집을 부려서 학원에 왔다고 말씀드리고, 많이 힘들어 하면 알려달라고 부탁드렸다.

"예랑아, 오늘 아프다면서? 의자에 앉아서 친구들 하는 것 구경할래?"

"아니요. 이제 안 아파요."

예랑이는 고개를 흔들며, 씩씩하게 대답했다. 예랑이는 오늘을 기다려 왔었다. 예전에 엄마랑 아빠랑 판토마임 공연을 보러 간 적이 있었다. 검은 양복을 입은 남자가 지팡이를 들고 나왔다. 지팡이를 들고, 어슬렁어슬렁 걸어가는 것 같더니 '픽' 하고 넘어졌다. 돌부리에 걸려 넘어진 것이었다. 남자는 창피한지 벌떡 일어나 또 걸어갔다. 1시간 남짓한 공연 시간 내내 남자는 아무 말도 하지 않았지만, 꼭 무슨 말을 하고 있는 것 같았다. 그뿐만이 아니다. 예랑이는 찰리 채플린이 나오는 영화를 아빠와 함께 본 적이 있었다. 찰리 채플린은 말을 하지 않는데도, 표정과 동작으로 모든 감정을 표현하고 있었다. 예랑이는 그래서 오늘 빠질 수가 없었다. 어젯밤부터 열이 나는데도 엄마에게 말하지 못한 것은 오늘 학원에 오지 못 하게 될 것 같아서였다. 공연에서 본 아저씨나 찰리 채플린처럼 할 수는 없겠지만, 꼭 그때의 그 가슴 설레던 느낌을 다시 느껴보고 싶었다.

"마임은 몸으로 모든 이야기를 해야 해요. 마임을 할 때는 말은 절대로 하면 안 돼요. 지금부터 사람이 많은 버스 안에 있다고 생각하고 마임을 해 봐요."

8명의 아이들이 모두 손잡이를 잡고 있었다. 아이들은 몸을 좌우로 흔들었다. 준목이는 좌우로 몸을 심하게 흔들었다.

"이준목! 다른 아이들도 봐야지. 같은 버스를 타는데 왜 혼자만 심하게 흔들거려."

선생님의 목소리가 들렸다. 예랑이는 다른 아이들을 쳐다봤다. 여태까지 연기는 혼자서만 잘하면 되는 줄 알았다. 다른 아이들과 호흡을 맞추어야 한다는 것을 몰랐기 때문이었다. 대사가 없으니 다른 친구들을 신경 쓸 필요가 없다고 생각했기 때문이다. 그때 주희가 예랑의 발을 밟았다. 예랑이는 자기도 모르게 '아' 하고 소리를 질렀다.

"강예랑. 소리 내면 어떡해? 발을 밟았으면 아픈 표정과 몸짓으로 표현해야지."

예랑이는 머리를 긁적였다.

"미안해."

주희가 귓속말로 속삭였다.

버스에는 사람들이 더 많이 찬 것처럼 아이들이 예랑 옆으로 몰려들었다. 주희도 쭈뼛쭈뼛 예랑이 옆으로 왔다.

"한주희. 몸동작을 크게 해야지. 말을 하지 않으니 동작을 더 크게 하는 거야. 과장되게."

"네."

주희가 큰 소리로 대답했다.

"마임할 때는 말하지 말랬지."

선생님의 말에 아이들은 큰 소리로 웃었다. 얼떨결에 대답한 주희의 얼굴이 빨개졌다.

수업이 끝나고 예랑이는 복도로 나갔다. 소영의 얼굴표정이 어두웠다. 예랑이는 학원에 오길 잘 했다고 생각하면서도, 엄마에게 미안했다. 엘리베이터를 기다리고 있는데 선생님이 예랑이와 소영의 곁으로 왔다. 선생님은 소영에게 가벼운 목례를 하고 예랑이를 바라보았다.

"예랑아, 연기를 하고 싶으면 건강해야 한다. 아픈 사람은 연기를 할 수 없어. 다른 사람을 감동시켜야 하는 연기자가 아프면 안 되는 거야. 연기자는 힘이 넘쳐야 해. 이제 건강해야 한다."

예랑이는 선생님의 말씀을 마음 깊이 새겼다. 소영은 다시
한 번 예랑이의 건강에 더 신경을 써야겠다고 다짐했다.

상황에 맞는 행동하기

　수업 시간이 되자 아이들이 들어왔다. 10명이 듣는 수업에서 오늘은 4명이나 결석을 했다.

　"선생님, 오늘 시은이는 촬영이라서 못 온대요."

　"현우는 촬영이 취소 됐대요."

　교실에 들어온 아이들은 선생님 앞에서 저마다 한마디씩 했다.

　"선생님, 대사 못 외웠는데 어떡해요?"

　"전 버스 타고 오면서 봤는데……."

　"오늘은 신(S#)6을 하는 거다."

　오늘 수업은 남자 선생님이었다. 예랑이는 아직도 남자 선생님과는 말을 잘 하지 못했다. 준목이는 교실에 들어서자마자 선생님의 목을 껴안고 매달렸다.

　"선생님, 저 오늘 숙제 못 했어요."

　준목이는 태연스럽게 말했다. '야옹이'와 '선생님 안 오시는 날' 인물 분석과 대사 분석을 해 오는 것이 숙제였다. 예랑이는 어젯밤에 숙제를 해 왔다.

"선생님, 저 강원도 가서 촬영하느라 못 했어요. 저 다음 주에 TV에 나와요."

예랑이는 준목이를 바라보았다. 준목이는 6개월이 지나 촬영 기수가 되자마자 바로 드라마를 촬영했다. 예랑이는 준목이가 부러웠다. 말은 하지 않지만, 주희도 준목이가 부러운 눈치였다. 선생님은 노트를 걷었다.

"준목아, 촬영한다고 숙제 안 해오는 건 안 된다. 너희들도 마찬가지야. 모두 대사 외웠지?

'야옹이의 신6을 하는 거야."

선생님은 바닥에 무릎을 꿇고 앉았다.

"자. 이제 입술을 깨물고, 팔짱을 끼고, 눈에 힘을 주는 거야."

선생님은 양미간을 찌푸렸다. 무섭기보다는 얄미웠다. 어리석은 야옹이는 쥐새끼들한테 매번 당하기만 했다.

"이제는 손을 들고 할퀴듯이 야옹, 야옹. 오른쪽 왼쪽 번갈아가면서 야옹을 다섯 번씩 하는 거야. 그럼 마지막 야옹은 어떻게 해야 할까?"

"넘어져요."

주희가 큰 소리로 대답했다.

"그래. 바닥에 쿵 하고 넘어지는 거야. 코가 땅에 닿아서 깨지도록 알겠니?"

"정말 코가 깨지면 어떻게 해요."

장난꾸러기 준목이가 킥킥 거리면서 말했다.

"진짜 깨지면 안 되고 깨지는 척만 하는 거야."

선생님은 다음 동작을 보여주었다. 오른손으로 코를 훔쳤다. 그리고 두 눈을 동그랗게 떴다. 과장된 몸짓을 보면서 아이들은 웃었다.

"아이구, 코야. 어, 코피잖아."

선생님은 코믹스러운 목소리로 말했다. 영화 '마스크'에서 짐 캐리의 목소리와 표정 같았다. 선생님은 엉금 기어갔다. 뒤를 한 번 휙 돌아보고, 다시 가다 뒤를 돌아보았다.

"날카롭게 돌아보는 거야. 알겠니? 자, 이제 10분간 연습하고, 한 사람씩 해보자."

주희는 무대 위에 제일 먼저 올라갔다.

"예랑아, 이리 와. 나랑 같이 연습하자. 나 따라하는 거야."

예랑이는 주희 오른쪽에 주희와 똑같이 무릎을 꿇고 앉았다. 언제나 연습을 할 때면 주희가 중심에 있었다. 예랑이의 마음 속에서 은근한 경쟁심리가 생겼다. 예랑이가 중심이 되고 싶다는 생각이 들기 시작한 것도 수업시간에 연습을 통해서였다.

"자, 이제 한 명씩 나와서 해볼까? 가위바위보 해서 순서를 정하자."

예랑이는 가위바위보를 잘 하지 못했다. 이번에도 첫 순서였다. 예랑이는 자리에 무릎을 꿇고 앉았다. 팔짱을 끼고 대사를 외웠다.

"이제 더 이상 쥐새끼들에게 당할 수는 없어. 연습을 해야지."

"국어책 읽냐? 고양이는 빨라야지, 그게 하이라이트야."

예랑이가 잠시 머뭇거리자 다시 목소리가 들렸다.

"뭐해? 연기하는 거 맞아?"

자리에서 들린 남자 아이의 목소리에 예랑이는 얼굴이 빨개졌다.

"어, 누가 연기하는데 친구한테 그러래."

선생님의 목소리에 아이들은 금방 조용해졌다. 예랑이는 연기를 마쳤다. 다음은 준목이 차례였다. 준목이는 장난스러운 몸짓과 목소리로 연기했다.

"준목아, 연기는 쉬운 게 아니야. 몸을 버려가면서 해야 하는 거야. 코믹한 연기도 진지한 태도로 해야지."

선생님은 준목이에게도 말했다. 예랑이는 마음속으로 선생님의 말씀을 되새겼다.

'진지한 태도로 모든 연기에 임해야 한다.'

넘치는 에너지와
열정을 품은 김석 군

" 안성기 아저씨 같은 배우가 되고 싶어요. "

김석 군은 아역배우라고 믿기지 않을 정도의 열정과 활동력을 가지고 있다. MBC 수목드라마 '궁' 에서 채경의 동생 채준 역으로 출연한 김석 군은 탄탄한 연기력을 인정받고 있다.

강원도 강릉에 살고 있는 김석 군은 '궁' 촬영을 위해 매일 경기도 오산의 세트장과 강릉을 오갔다고 한다. 연기에 대한 열정이 아니고서는 힘든 일이다.

SBS 드라마 '서동요' 에서 서동의 어린 시절을, KBS1 드라마 '서울 1945' 에서는 운혁의 어린 시절을, SBS 드라마 '장길산' 에서는 길산의 어린 시절을 연기하는 등 첫 시작이 화려했다. 이후 영화 '아홉살 인생' 에서 주인공으로 발탁되면서 실력파 배우로서의 자리를 다졌다.

5살 때부터 MTM을 다니면서 연기를 배우기 시작한 석이는 영화 '넘버 3' 오디션을 통해서 연기를 시작했다. 석이는 연기에 재미를 느꼈고, 배우의 길을 가기로 결정했다. "학교에서 생활하는 시간과 친구들과 어울려 놀 시간이 많지 않은 것은 싫어요. 하지만 사람들이 알아보고 사진도 찍고 하는 것은 좋아요." 라고 말하는 석이는 사람들의 시선을 두려

워하지 않는다. 어쩌면 카메라 앞에서 주인공이 되는 기질을 타고난 것인지도 모른다.

석이는 영화 '아홉살 인생' 에서 첫 주연을 맡았을 때를 생생하게 기억한다. "얼마나 기뻤는지, 지금 생각해도 얼굴에 미소가 떠올라요." 밤 촬영에서 잠도 못 자고 촬영할 때의 힘든 기억들을 모두 잊어버린 표정이다.

배역을 선택할 때 "눈빛과 카리스마를 살려서 나에게 맞는 역"을 맡고 싶다는 석이. 드라마 '궁' 촬영에서는 엄마 역을 맡은 임예진 아줌마가 챙겨주시고, 연기 지도를 많이 해 주셔서 좋았다고 말하는 석이. 앞으로

기회가 되면 말과 함께 호흡을 맞추고 사랑으로 말을 다루는 영화를 찍고 싶다고 말한다. 평범한 듯하면서도 평범할 수 없는 배우의 기질을 타고난 것처럼 보인다.

"안성기 아저씨 같은 배우가 되고 싶어요."라고 말하는 석이의 얼굴에서 국민 배우 안성기의 웃음이 보이는 듯하다. "항상 웃으면서 여러 사람들을 배려해 주시는 모습이 참 좋아요. 또 모든 국민들에게 편안함을 주는 연기자라고 생각해요."라고 의젓하게 말하는 석이의 몸 속에는 국민 배우로서의 자질이 숨어 있는 듯하다.

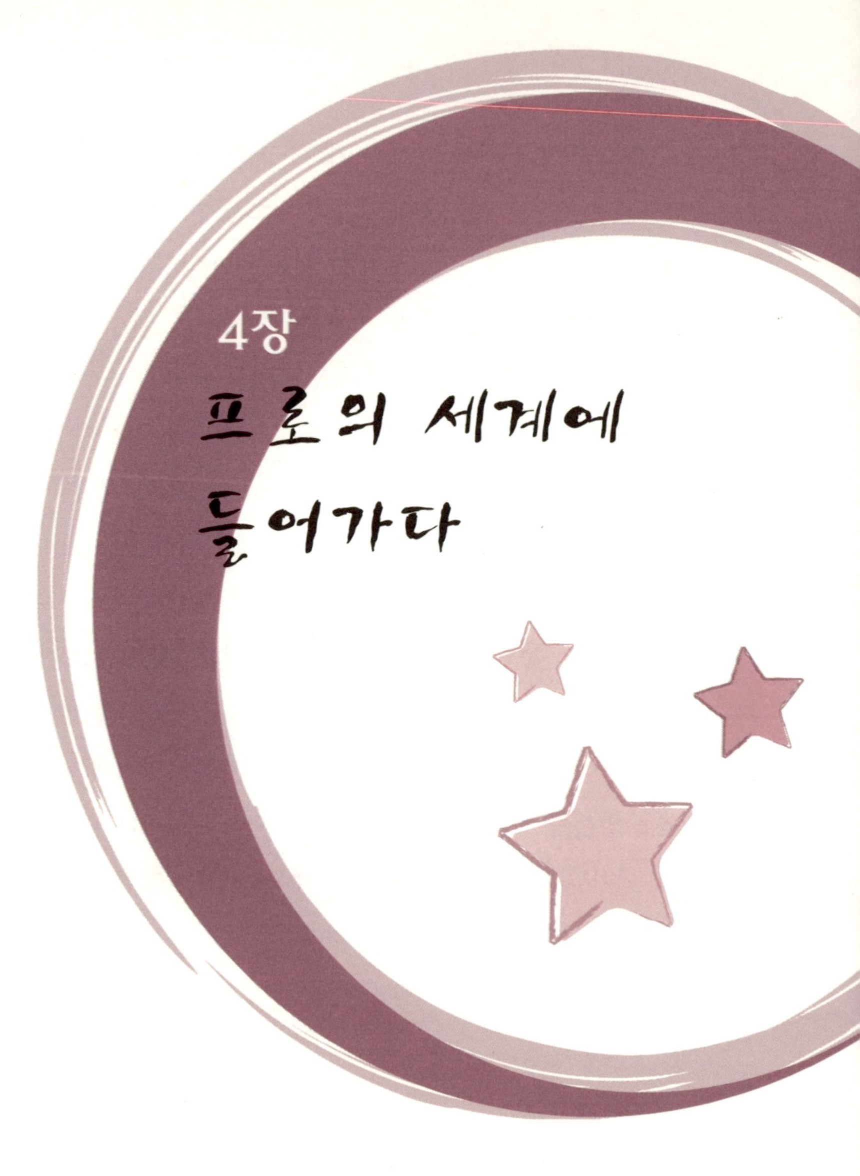

4장
프로의 세계에
들어가다

기다림의 시간

뮤지컬 공개 오디션 공고가 붙었다.

"어머니, 예랑이도 오디션을 보는 건 어떨까요?"

소영은 망설여졌다. 오디션을 볼 만큼 예랑이의 실력이 늘었는지도 알 수 없었다.

"어머니, 오디션에 대한 경험을 쌓는 것도 중요해요."

소영은 오디션 경험이 아이에게 좋겠다고 생각했다. 일단 프로필 사진부터 찍기로 했다. 학원에 오디션을 보러 왔을 때 예랑이만 일반 사진을 붙였던 것이 소영은 오래도록 마음에 걸렸었다.

"오디션 지원서에 붙이는 사진이니 중요하죠."

"전, 아이가 오디션 볼 때마다 새로 찍어요."

소영이 학원 오디션 때 일반 사진을 붙였다고 말하자, 다른 어머니들이 소영에게 한 마디씩 했었다. 소영은 이번에는 아이에게 예쁜 사진을 찍어주고 싶었다.

소영은 예랑이를 데리고 프로필 전문 스튜디오에 갔다. 학원 생 대부분이 학원 인근에 위치한 프로필 전문 스튜디오에서 사진을 찍었다. 그런 곳에서 찍어야 사진이 깔끔하고, 예쁘게 나온다고 어머니들이 이구동성으로 얘기했다. 포토그래퍼 선생님은 아이들의 가장 빛나는 순간적인 모습을 잘 포착했다. 생생하고 살아 있는 표정을 포착해 아이들을 빛나게 만들어 주었다.

"예랑아, 이쪽을 보자. 그래."

예랑이는 카메라 앞에서 자신 있게 포즈를 취했다.

"예랑아, 좀 더 표정을 밝게 지어볼까."

"참 잘하는구나. 예랑이는 표정이 예술인 걸."

포토그래퍼 선생님은 세심하게 아이의 동작과 표정을 살펴주셨다. 예랑이는 정면 클로즈업, 상반신, 전신사진 외에도 다양한 포즈와 표정으로 사진을 찍었다. 예랑이는 선생님의 칭찬

에 기분이 좋아졌다. 스튜디오 앞에는 아이들이 줄을 서서 기다리고 있었다. 오디션을 보는 아이들이 늘고 있었다. 예랑이와 같은 기수의 아이들도 몇 차례 오디션 경험을 가지고 있었다. 주희와 준목도 마찬가지였다. 아이들의 오디션 보는 횟수가 늘어날수록 학원은 술렁거렸다. 예랑이와 같은 기수인 남자 아이는 작년 여름 영화 흥행으로 인기를 끈 남자 배우의 어린 시절 역할을 맡았다고 했다. 예랑이보다 세 살이나 어린 여자 아이는 한국적인 멋을 잘 살렸다는 평을 듣고 있는 신인 감독의 영화에 출연하게 되었다는 이야기도 있었다. 엄마들 사이에서도 오디션을 통과해서 출연 준비를 하고 있는 아이들 이야기가 입에서 떠날 줄 몰랐다. 부러움과 선망의 대상이기도 했지만, 동시에 질투의 대상이기도 했다.

"우리 아이가 훨씬 잘 하는데, 그날은 운이 없었어요."

"어머, 그 아이는 연기를 배운지 얼마 되지도 않았다죠."

술렁거림은 쉽게 가라앉지 않을 것 같았다.

한번은 아이들이 수업이 끝날 때까지 복도에서 기다린 적이 있었다. 평상시에 알고 지냈던 어머니들 몇몇이 이런 저런 이야기를 하였다. 소영과 안면이 있는 어머니들이기도 했다. 그 중에는 대기업의 자동차 CF에 출연했던 예슬이의 어머니도 있었다.

"오디션 장에 가면 쟁쟁한 애들이 많이 와서 기가 죽어요. 그러고 나면 저 혼자 며칠을 끙끙 앓아요."

"그러게요. 아무리 욕심 없이 가도 우리 아이를 보면 그게 잘 안 되죠."

옆에 앉아 있던 또 다른 어머니가 말했다. 소영은 곁눈질로 바라보았다. 얼마 전에 한 기업 홍보 CF에 동영상과 사진을 찍어서 보내주었다던 어머니였다.

"캐스팅 되려면 로비가 있어야 한다는 소문도 있어요."

"요즘은 그렇지도 않아요. 몇몇이 있을지도 모르지만 요즘은 다르다고 하더라고요."

"특출나지 않는 한 연줄이 있어야 한다는 얘기도 있어요."

"그래도 예슬이 엄마는 좋겠어요. 여기 저기 소개 해 주는 사람들도 많잖아요."

"연줄이 있어도 다 자기 운이죠."

"아무리 연줄이 있어도 아이가 능력이 안 되면 소개해 주는 입장에서도 무안한 거잖아요."

이야기는 아이들이 나올 때까지 그치지 않았다. 소영도 어머니들의 대화에 무관심할 수만은 없었다. 큰 욕심을 내고 시작한 것이 아니라고, 아이에게 부담을 주지 말아야 한다고 마음을 다잡아 보았지만 말처럼 쉬운 일은 아니었다. 아이 앞에서는 여유 있는 척, 괜찮다고 말했지만 '이왕 시작한 것…….' 욕심이 나지 않을 수 없었다. 그러나 소영의 욕심 때문만은 아니었다. 학원에서 6개월 넘게 수업을 받으면서 예랑이는 몰라보게 달라져 있었다.

"예랑이 어머니, 예랑이가 참 야무지네요."

"어머, 어린아이가 어쩜 저렇게 똑 소리 나게 말을 잘 할까요."

"예랑이는 다방면에 소질이 참 많은 것 같아요. 노래면 노래, 춤이면 춤."

"예랑이 어머니는 좋으시겠어요. 저런 따님을 두셔서."

동네 사람들부터 같은 반 친구의 어머니까지 예랑을 바라보는 시선이 달라졌다. 이제 누구도 예랑이를 그저 조용하고, 착한 아이로만 기억하지 않았다. 색깔 있는 아이로 키우고 싶다는 소망은 벌써 이루어진 것이나 다름이 없었다. 그러나 주위 사람들의 이야기를 들을 때마다 소영은 '우리 예랑이도…….'라는 말이 목구멍까지 울컥울컥 치솟았다. 그런 소영을 보면서 태범은 한숨을 내쉬었다.

"여보, 애 달라진 것 봐. 왜 이리 엄마가 조급해 하는 거야."

태범은 언제나 조급하게 구는 소영을 타박했다.

"당신도 알잖아요. 우리 예랑이가 달라진 걸요. 그렇게 잘 하고 있는데 좀 더 욕심내면 어때요."

소영은 태범의 타박에는 아랑곳하지 않았다.

"여보, 아무리 그래도 아이를 생각해야지. 아이가 원하지 않으면 언제든지 그만 두겠다고 하지 않았소."

그 말도 사실이었다. 예랑이와 학원으로 오디션을 보러 갈 때 소영은 아이가 원하지 않는다면 언제든지 그만두겠다고 생각했었다.

"그래도 아이가 잘 따라오잖아요. 예랑이가 좋아하는 일인데 기회를 만들어 주고 싶은 것은 당연한 거잖아요."

"여보, 피아노 학원을 보낸다고 해서 아이가 유명한 피아니스트가 되는 것도 아니고, 미술 학원 보낸다고 해서 화가가 되는 것도 아니잖소. 아이가 다양한 경험을 통해서 삶을 좀 더 풍요롭게 살 수 있도록 도와주는 것으로 만족합시다. 정말 유명한 스타가 되면 좋지만, 그렇게 되지 않는다 해도 아이에게 좋은 일이라고 생각합시다."

소영은 태범의 어떤 말도 귀에 들어오지 않았다. 예랑이가 학원에 다녀온 날이면 이런 대화들이 되풀이되기 일쑤였다. 소영이 불안하고, 초조한 것은 어쩌면 당연한 일인지도 몰랐다. 예랑이의 말을 듣기 전까지만 해도 소영은 분명 불안했었다. 그러나 소영은 알게 되었다.

어제 오후였다. 학원 선생님의 소개로 뮤지컬 오디션에 참가하기 위해 기획사를 찾았다. 원서를 제출하고, 테스트를 받기 위해서 기다리고 있었다. 기획사 사무실과 함께 자리한 오디션장은 사람들로 북적거렸다. 경쟁률이 1,000대 1이라는 소리도 있었고, 오디션은 형식적인 것이일 뿐 이미 내정자가 있다는 소리도 있었다. 또 한쪽에서는 연출자의 딸이 오디션을 같이 보니 불 보듯 뻔한 일이라고 체념하는 소리도 있었다. 모두 근거 없는 말이었다. 그러나 작은 말에도 오디션 장에 모인 학부모들은 '아니 땐 굴뚝에 연기 날까.' 라는 생각에 안절부절못하였다. 이쪽 일들이 가끔은 '아니 땐 굴뚝에서도 연기가 날 수 있다.' 라는 말을 먼저 거쳐 간 어머니들에게 들었지만, 막상 오디션을 봐야 하는 입장에서는 모두 믿을 수밖에 없는 일이었다. 소영은 예랑보다 더 예민해져 있었다. 초조한 마음에 커피를 다섯 잔이나 마셨다.

"엄마, 괜찮아요?"

예랑이가 소영의 옷자락을 잡아 흔들었다. 소영은 예랑이의 얼굴을 바라보았다. 예랑이는 불안한 눈빛으로 소영을 올려다보았다. 소영은 가슴이 철렁 내려앉는 것 같았다. 예랑이는 엄마 잃은 아이처럼, 혼자 있는 것 같은 표정을 짓고 있었다.

"엄마, 나 잘 할게요."

소영은 예랑이의 입에서 나온 말을 듣고, 뒤통수를 얻어맞은 것 같았다. 격려하고, 힘을 줘야 할 사람은 딸 예랑이가 아니라 엄마인 자신이었다. 그런데 아이는 오히려 엄마를 격려하고 있었던 것이다. 소영은 '아차' 싶었다. 아이를 끝없이 믿어주고, 잘하지 못 할 때도 힘을 주어야 하는 것이 엄마의 몫이었다. 예랑이가 잘 하지 못 할 수도 있고, 못 하더라도 믿어주어야 하는 것이었다. 소영은 자신이 불안해 할 때 예랑이는 두 배, 세 배, 아니 그 이상으로 불안해 한다는 것을 알게 되었다. 소영은 차분한 목소리로 말했다.

"엄마는 예랑이가 잘 할 거라고 믿어. 그리고 혹시 떨어지더라고 괜찮아. 다음이 또 있잖아."

예랑이는 소영을 보면서 환하게 웃었다. 올망졸망한 눈동자에서 불안한 기색은 찾아볼 수 없었다. 엄마의 말 한마디에 안정을 찾기도 하고, 불안해 하기도 하는 딸아이를 보면서 소영은 마음을 다잡았다.

'모든 일에는 기다림의 순간이 필요한 거야.'

프로필 사진은 이렇게 찍어주세요

프로필 사진을 찍는 것도 연기 수업의 하나라고 생각해야 합니다. 표정 연습과 동작 연습을 프로필 사진을 찍으면서 익힐 수 있기 때문입니다. 아역배우의 경우 성장과 함께 얼굴이 변하기 때문에 1~3개월에 한 번씩 사진을 찍어 주는 것이 좋습니다. 1차 오디션에서 프로필 사진으로 합격했다 하더라도, 아이의 실물과 사진에 차이가 있으면 2차 오디션에서는 떨어지는 경우가 종종 있습니다.

아이들의 경우 촬영은 1시간 정도가 적당합니다. 너무 오래 찍으면 아이들이 지치기 때문에 좋은 표정이 나오지 않습니다. 또한 프로필 사진은 표정과 포즈를 중요시 하는 전문 스튜디오에서 촬영하는 것이 좋습니다.

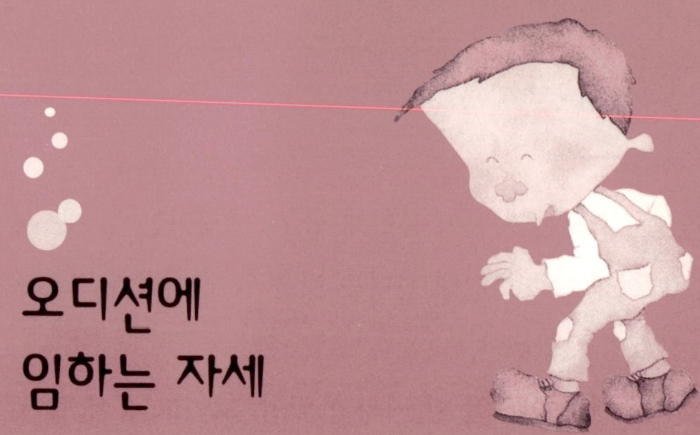

오디션에 임하는 자세

예랑이는 주위를 둘러보았다. 주위의 아이들은 다들 긴장한 것 같았다. 엄마와 함께 대본 연습을 하는 아이도 있었고, 춤을 추는 아이도 있었다. 학원에서 배웠던 발성연습을 하고 있는 아이도 보였다. 예랑이도 긴장하고 있었다. 엄마의 표정을 보고 있으니 마음이 더욱 무거웠다. 엄마를 실망시키고 싶지 않았다. 또 예랑이 스스로도 잘 해내고 싶다는 욕심을 가지고 있었다. 엄마가 옆에서 예랑이의 손을 꼭 잡아 주었다. 그때 오디션 장에서 예랑이의 이름이 호명하는 소리가 들렸다.

"강예랑 학생."

오디션 장은 엄숙한 분위기마저 느껴졌다. 예랑이는 들어서자마자 꾸벅 인사를 했다.

"82번 강예랑입니다."

탁자에 5명의 심사위원 선생님들께서 앉아 계셨다. 예랑이는 학원에서 오디션을 보았을 때를 떠올렸다. 학원에서는 오디션 장에 엄마와 함께 들어갈 수 있었지만, 지금은 혼자였다. 심사 위원 선생님들이 모두 예랑이만 쳐다보고 있었다. 예랑이는 선 생님들의 시선이 부담스러웠다.

'떨지 말자.'

예랑이는 속으로 다짐을 해 보기도 하고, 숨을 크게 들이쉬 기도 했다.

"뭘 제일 잘 하지?"

턱수염을 덥수룩하게 기른 심사위원 선생님이 말했다.

"노래에 자신이 있습니다."

"그럼 한 번 불러볼까?"

예랑이는 목을 가다듬었다. 예랑이는 오디션을 위해 연습 했던 노래를 불렀다. 피아노 반 주에 맞춰서 학원에서 선생님 과 연습했던 곡이었다.

"꿈꾸지 않으면 사는 게 아니 라고, 별 헤는 맘으로~"

피아노 반주도 없이 부르는 노래는 쉽지 않았다. 한 음이 떨어지기도 했고, 너무 높이 올라가기도 했다.

“그만.”

날카로운 음성이 예랑의 귓바퀴를 돌아들어왔다. 예랑이는 얼굴이 빨개졌다. 쥐구멍에라도 숨어버리고 싶은 마음이었다.

“대사 한 번 해 볼까?”

예랑이는 외웠던 대본을 머릿속에서 다시 되짚어 보았다.

“우린 꿈을 가지고 있어요, … 아빠는 꿈을 꾸면 꼭 이루어진다고 했어요. … 난 꼭 할 수 있다고 믿어요.”

중간 중간 호흡이 끊어졌다. 예랑이는 오디션 장을 뛰쳐나가고 싶은 충동을 느꼈지만 꾹 참았다.

“그만.”

중앙에 앉아 계시는 선생님이 볼펜으로 뭔가를 끄적이면서 예랑이를 바라보았다.

“오디션이 처음이니?”

한껏 부드러운 음성이 들렸다. 예랑이는 고개를 숙였다.

“오디션을 볼 때는 열심히 해야 한단다. 끝까지 포기하지 말고, 짧은 시간에 보여줄 수 있는 것을 모두 보여줄 수 있도록 해야 하는 거란다.”

예랑이는 선생님의 말씀을 들으면서 숨어버리고 싶고, 도망치고 싶었던 자신의 모습을 반성했다.

“오디션을 볼 때는 자세도 중요한 거야. 혼자 잘 한다고 해서 무대에 설 수 있는 것이 아니라 여러 사람들의 도움이 있어야 하는 것이란다. 그러니 언제나 겸손해야 해."

예랑이는 오디션 장을 나오면서 선생님의 말씀을 다시 한 번 마음속에 새겼다.

"예랑아, 잘 했니?"

문을 열고 나오는 예랑에게 소영이 다가왔다. 먼저 끝내고 기다리고 있던 준목이도, 아직 순서를 기다리는 주희도 예랑이의 표정을 살폈다. 예랑이는 최대한 밝게 웃으려고 노력했지만, 그럴수록 얼굴이 심하게 일그러졌다. 소영은 예랑이를 꼭 안아주었다.

"잘 했을 거야. 처음이라서 많이 긴장했나보다."

소영은 예랑이를 아낌없이 격려해 주었다.

오디션은 연기의 시작입니다

오디션은 단순히 역할을 잘 할 수 있는지 없는지, 혹은 재능이 있는지 없는지를 가려서 배역을 정하는 자리가 아닙니다. 연기는 혼자서는 절대로 할 수 없습니다. 때문에 오디션에서는 개인의 실력에 대한 평가도 중요하지만, 다른 사람들과 함께 얼마나 호흡을 잘 맞출 수 있는지도 중요합니다. 원서 작성부터, 오디션에 임하는 자세가 중요한 것은 바로 이 때문입니다. 또한 오디션에서는 짧은 시간에 숨은 끼와 열정을 다 보여주어야 합니다.

1. 원서 작성과 프로필 사진을 정성스럽게 준비해 주세요

원서 작성과 프로필 사진은 첫인상입니다. 첫인상은 오래 기억되기 마련입니다. 사진부터 원서 작성까지 모두 정성스럽게 준비해야 합니다.

2. 짧은 시간에 자신의 끼를 보여주어야 합니다

오디션을 하는 시간은 그리 길지 않습니다. 짧은 시간에 최대한 많은 것을 보여주어야 합니다. 또한 다른 지원자와의 차별성이 중요합니다. 그러기 위해서는 평소 꾸준한 연습이 필수적입니다.

3. 오디션에 임할 때는 겸손한 자세로 임해야 합니다

다른 지원자가 오디션을 보고 있을 때도, 긴장을 늦추면 안 됩니다. 항상 바른 자세로 서 있어야 하며, 또한 겸손한 자세를 가지고 있어야 합니다. 다른 연기자와 함께 조화를 이루어야 하는 연기에서 겸손함은 꼭 필요한 덕목입니다.

'좌절 금지'
실패가 없는 성공은 없다

소영은 인터넷 홈페이지에 들어가 보았다. 8명의 아이들 이름 중에서 예랑이의 이름은 없었다. 가나다순으로 되어 있는 이름 중에서 준목이의 이름이 눈에 띄었다. 소영은 예랑이에게 어떻게 말해야 할지 눈앞이 캄캄해졌다. 소영은 태범에게 전화를 걸었다. 몇 번의 통화음도 길고 지루하게 느껴졌다.

"예랑이 오디션에서 떨어졌어요."

"그럴 수도 있지. 첫 오디션이잖아."

소영의 말에 태범은 심드렁하게 대답했다. 소영은 무심한 듯한 태범의 말에 짜증이 몰려왔다. 목소리 톤을 한껏 높여 따지듯이 되받아쳤다.

"그럼 예랑이한테는 뭐라고 말해요. 아이가 상처 받을 수도 있잖아요."

태범은 부드러운 목소리를 소영을 달랬다.

"당신이 흥분을 하면 어떻게 해. 예랑이를 잘 달래줄 생각을 해야지. 예랑이에게 잘 말해줘야지."

태범의 부드러운 목소리 때문에 소영도 마음이 조금 가라앉았다. 예랑이에게 어떻게 설명해야 하는지가 더 중요했다. 아이가 실망하지 않을 수 있도록 차근차근 말해주는 것이 우선이었다. 소영은 태범과 전화를 끊고 나서 예랑이에게 어떻게 말할지 고민했다.

예랑이가 학교에서 돌아왔다. 소영은 예랑이의 얼굴을 깊은 눈으로 바라보았다.

'실망하면 어떻게 하지?'

소영은 마음이 무거웠다. 그러나 그 또한 소영의 몫이었다. 소영이 아니고는 다른 누구도 이야기 해 줄 수 없는 것이었다.

"예랑아, 오늘 오디션 결과가 나왔단다."

예랑이의 눈빛이 빛났다. 소영은 예랑이의 눈빛을 바라보니 말문이 막히는 것은 같았다.

"예랑아, 그런데 예랑이 이름은 없더라."

예랑이의 표정이 곧 울 것 같았다.

"기회가 이번만 있는 것은 아니란다. 앞으로 열심히 하면 더 좋은 기회가 있을 거야."

예랑이는 한동안 말이 없었다. 큰 기대를 했던 것은 아니지만 막상 오디션에 떨어졌다는 말을 들으니 실망스러웠던 것이다. 소영도 예랑이가 실망하는 모습 때문에 마음이 아팠다. 소영은 준목이가 합격한 것에 대해서는 예랑에게 말하지 않았다. 혹 친구와 비교가 되어서 의기소침해지거나, 자신감을 잃을까 봐 걱정이 되었기 때문이었다.

다음날, 소영은 예랑이를 데리고 학원에 갔다. 엘리베이터 입구에 준목이의 사진과 함께 오디션에 합격했다는 게시문이 붙어 있었다. 예랑이는 엘리베이터 입구의 준목이 사진을 뚫어지게 쳐다보았다.

"엄마, 준목이는 오디션에 붙은 거예요?"

예랑이는 소영에게 물어보았다. 소영은 당황했다. 차라리 이렇게 금방 알게 될 줄 알았다면 어제 말해줄 것을 그랬다는 후회가 밀려들었다.

"그래. 준목이는 … 합격한 모양이구나."

소영은 자신도 모르게 말을 더듬었다. 소영은 예랑의 표정을 살폈다. 예랑이의 얼굴에서 섭섭한 빛이 역력했다.

"예랑아, 엄마랑 같이 준목이 축하해 주자. 친구가 합격한 것도 같이 기뻐해 줄 수 있어야 하는 거야."

소영 역시 섭섭하긴 마찬가지였지만, 예랑이가 이 일로 친구를 시기하거나 질투만 하게 되는 것을 원하지 않았다.

엘리베이터에 내리자 준목이와 준목이 어머니가 있었다. 선생님들에게 감사 인사를 하고 있는 것 같았다. 소영은 예랑이의 반응을 살폈다. 그러나 곧 소영은 스스로 부끄러운 생각이 들었다. 예랑이는 준목이에게 다가갔다.

"축하해."

예랑이는 조금 전과는 달리 환하게 웃었다. 친구의 기쁨을 함께 나누고 있는 것 같았다. 오히려 그런 걱정을 하고 있었던 자신이 더 창피하게 느껴졌다. 소영은 어른스럽게 행동하는 예랑이가 자랑스러웠다. 비록 오디션에서는 좋은 결과를 얻지 못했지만 예랑이는 나름대로 어른이 되어 가고 있었다. 연기를 배우면서도, 그리고 오디션을 보고 경쟁하는 속에서도 예랑이는 하나하나 소중한 것을 배워가고 있었다.

소영은 예랑이를 교실에 들여보냈다. 오디션 결과를 확인한 후부터 예랑이보다 더 우울하고, 무거웠던 마음은 준목이를 진심으로 축하해 주는 예랑을 보면서 조금씩 사라졌다.

'어쩌면 엄마가 아이보다 더 실망하는지도 몰라. 그래서 엄마의 실망에 아이가 상처를 받는지도 몰라. 아이보다 더 실망하는 엄마는 되지 말자. 아이의 든든한 버팀목이 되어주기로 했으니까, 믿어주자.'

소영이 이런 다짐을 하고 있을 때 교실에 들어갔던 예랑이 빼꼼이 얼굴을 내밀었다. 예랑이는 달려와서 소영에게 귓속말을 했다.

"엄마, 다음 오디션에서는 지금보다 더 잘할 수 있을 것 같아요."

수줍은 듯 예랑이는 다시 교실로 달려 들어갔다.

예랑이는 친구를 축하해 주는 것 뿐 아니라, 실패 속에서도 좌절하지 않고, 새로운 꿈을 꾸는 법을 배우고 있었다. 또 한 번의 실패가 곧 성공의 밑거름이 된다는 진리를 깨달아 가고 있었다.

함께 커가는 좋은 친구

　학원을 마치고 나오면서 예랑이와 주희는 오랜만에 준목이를 만났다. 학원 앞에 있는 아이스크림 전문점에서 세 아이의 엄마와 아이들은 아이스크림을 먹기로 했다. 예랑이와 주희는 피스타치오도 시키고, 준목이가 좋아하는 초콜릿 아이스크림도 시켰다. 오랜만에 만나서인지 세 아이들은 시끌시끌 그동안 있었던 일들을 이야기했다. 아이들이 친하기 때문인지 언제부턴가 엄마들도 친구처럼 지내게 되었다.

　준목이가 본격적으로 공연 연습에 들어가고 나서 학원 수업을 나오지 못했다. 매일 셋이 다니던 아이들은 한 명이 빠지자 한동안 시무룩해 있었다. '사람 든 자리는 몰라도 난 자리는 금세 안다'는 옛말이 딱 맞았다. 예랑이와 주희는 엄마를 졸라서 준목이에게 몇 번 전화를 했지만, 준목이 어머니는 연습 중이어서 전화를 받을 수 없다고 했다. 오늘 이렇게 만나기까지 주희와 예랑이는 열 번도 넘게 전화를 한 것 같았다. 오늘은 연습이 없는 날이라서 학원에 왔다고 했다. 준목이도 예랑이와 주희가 많이 보고 싶었던 모양이었다. 엄마들은 엄마들 대로, 그리고 아이들은 아이들 대로 그동안 하지 못 한 말들을 쏟아놓기 시작했다.

"준목이가 살이 좀 빠진 것 같아요."

소영은 준목이 어머니에게 말을 건넸다.

"연습을 하면서 체력이 많이 떨어졌어요. 그래서 요즘은 음식에 특별히 신경을 써요."

준목이 어머니는 걱정이 많은 것 같았다.

"그래도 공연을 할 수 있으니 얼마나 좋아요. 경쟁률도 치열했던 건데."

주희 어머니는 준목이만 오디션에 합격한 것이 아직도 부럽기도 하고, 섭섭하기도 한 모양이었다.

"그렇긴 한데 아무래도 뮤지컬은 노래도 불러야 하고, 춤도 춰야 해서 힘이 드는 모양이에요."

준목이 어머니가 말했다. 소영은 준목이의 얼굴을 바라보았다. 그러고 보니 예전에 비해서 살이 조금 빠져 있는 것 같았다. 예랑이도 학원을 시작하고 나서는 많이 힘든 모양이었다. 그러나 곧잘 따라하기도 하고, 아이가 아파도 학원에 빠지는 것을 싫어하기 때문에 별 다른 생각을 하고 있지 않았던 것이다. 뮤지컬이나 연극을 하든, 드라마나 CF를 찍든 아이들이 어른들과 함께 연기를 하려면 체력이 바탕이 되어야 하는 것은 당연한 것이었다. 소영은 아이들 쪽으로 눈을 돌렸다. 뭐가 그리 재미있는지 까르르까르르 웃어대고 있었다. 아이스크림을 자기가 조금 더 먹겠다고 스푼으로 칼싸움도 했다. 야위면서도 연습을 잘 하고 있다는 준목이 또한 아이는 아이였다. 소영은 아이들의 말소리에 귀를 기울였다.

"준목아, 연습은 재미있어?"

예랑이는 준목이의 뮤지컬 공연 연습이 궁금한 모양이었다.

"꼭 보러 갈게."

주희도 신이 나는지 박수를 치면서 큰 소리로 말했다. 예랑이도 이제는 섭섭한 마음보다는 친구의 공연이 더 기다려지는 모양이었다.

"누나들이랑 형들도 다 잘 대해 주는데, 그래도 연습은 힘들어."

준목이는 성인 연기자들과 함께 호흡을 맞추어야 하는 것도 있지만, 대사뿐만 아니라 노래와 안무 모두 소화해야하는 것이 쉽지 않은 모양이었다. 첫 작품이 뮤지컬이라는 것이 준목이에게도 만만치 않은 부담이었다.

"처음에는 좋기만 했는데, 연습이 재미있을 때도 있지만 힘들 때도 많아."

준목이는 예랑과 주희에게 하소연 했다.

"힘들더라도 나는 너처럼 오디션에 합격이라도 했으면 좋겠다."

언제나 당찬 주희가 말했다. 준목이도 오디션에 합격하지 못한 다른 친구들에게 미안한지 더 이상 말을 하지 않았다.

"그래도 준목이 공연 하는 것 보면 주희랑 나도 참 좋을 것 같아."

예랑이 끼어들어서 말했다. 주희도 그럴 것 같았다. 비록 무대에 서는 것은 아니지만 함께 공부한 준목이의 공연을 보면 기분이 좋아질 것 같았다. 또 다음에 기회가 오면 더 잘 해낼 수 있을 것 같았다.

"나도 그럴 것 같아."

주희가 환하게 웃었다. 준목이도 얼굴 표정이 다시 밝아지면서 연습 중에 있었던 일들을 쏟아냈다. 청사초롱을 들고 입장하는 장면에서 스텝을 잘못 밟아서 따라가기 힘들었던 일, 모자가 벗겨져 당황했던 일도 이야기도 했다. 아이들은 벌써 좋은 친구가 되어 있었다. 서로 경쟁이 되기도 했고, 격려와 힘이 되어주기도 했다. 비록 가끔은 샘이 나기도 하고, 부럽고 섭섭한 마음도 가지는 것 같았지만 그 또한 모두 좋은 친구가 되어가는 과정이었다. 소영은 아이들의 모습을 보면서 앞으로 아이들이 어떤 역할을 하게 될지는 모르지만 서로에게 힘이 되어줄 것 같다는 생각이 들었다.

연극 & 뮤지컬 POINT

연극이나 뮤지컬은 막이 오르고 내릴 때까지 한 번의 실수도 없이 재연되어야 하기 때문에 아이들에게는 힘든 일입니다. 특히 뮤지컬은 춤과 노래, 대사가 어우러지기 때문에 더욱 그렇다고 할 수 있습니다.

매체의 특성상 무대에서 하는 것이기 때문에 과장된 대사와 동작을 요구하게 됩니다. TV나 영화도 마찬가지겠지만 연극이나 뮤지컬의 경우 훈련된 발성과 행동이 절대적으로 필요합니다. 또한 상황을 빠르게 파악할 수 있는 능력도 중요시 됩니다.

무대에서 실수를 할 경우, 주변에서 도와줄 수 있는 사람은 아무도 없습니다. 아이 혼자서 모든 책임을 져야 합니다. 대사를 잃어버리는 등의 실수가 있을 때, 당황하지 말고 자연스럽게 대처할 수 있는 능력을 키워주워야 합니다. 빠른 상황대처 능력은 즉흥극 연습을 통해서 기를 수 있습니다.

이제부터 시작이죠

학원에서 전화가 왔다. 보조 출연을 해 달라는 것이었다. 예랑이뿐만 아니라 예랑이와 같이 등록을 했던 같은 기수의 아이들도 출연을 한다고 했다. 주희도 예랑이와 같이 출연하기로 했다. 촬영 스케줄은 이틀 전에 받아 보았다.

예랑이는 주연급 아역배우 다빈이와 같은 유치원에 다니는 것으로 설정되어 있었다. 다빈이는 학원에서 연기를 배우기 시작한 지 2년 쯤 지났다고 했다. 다른 아이들에 비하면 꽤 빨리 비중 있는 역할을 맡은 아이였다.

예랑이가 하게 될 장면은 유치원 학예회였다. 다빈이 옆에서 율동도 하고, 노래도 부르는 역할이었다. 소영은 예랑이도 다빈이처럼 대사도 하고, 카메라가 예랑이만을 주시했으면 좋겠다고 생각했다. 첫 술에 배부를 수 없다는 것을 알면서도 욕심이 나는 건 어쩔 수 없었다. 이번으로 보조 출연이 여섯 번째였다.

처음 출연 제의를 받았을 때, 예랑이는 TV에 나오게 된다는 것만으로도 너무 좋아했다. 예랑이와 소영은 촬영 장소가 낯설었다. 드라마를 통해서 볼 때와는 다른 느낌이었다. 그러나 한두 번 촬영을 하고 나니 곧 시들해졌다. 처음에 예랑이가 했던 보조 출연은 싸우는 두 주인공 아이들의 반 친구역할이었다. 싸움을 구경하는 아이들 중에 예랑이도 서 있었다. 촬영을 마치고, 소영은 시어머니에게 전화를 했다.

"어머니, 예랑이가 오늘 촬영했어요. 다음주 금요일에 나올 거예요."

잠깐이지만 예랑이가 TV에 나온다는 것이 좋았다. 그러나 TV를 보면서 가족들은 모두 실망하지 않을 수 없었다. 왜냐하면 예랑이 찍었던 장면이 어쩐 일인지 나오지 않았기 때문이었다. 예랑이의 표정이 어두워졌다. 보조 출연일망정 열심히 연기한 예랑이었다. 소영은 예랑이가 걱정이 되었다. 그날부터 예랑이는 말수가 부쩍 줄어들었다.

며칠 뒤, 학원에 가기 위해서 준비하고 있을 때였다. 그날따라 시간이 되었는데도 예랑이는 소파에 앉아 일어날 기미가 보이지 않았다.

"예랑아, 어서 준비해야지. 늦겠다."

부엌에서 예랑이의 수업이 끝난 후 먹을 샌드위치를 만들던 소영은 큰 소리로 말했다. 예랑이는 들은 척도 하지 않았다.

“예랑아, 어서 준비하렴.”

두 번째로 재촉했을 때, 예랑이 부엌으로 걸어왔다. 의미심장한 얼굴로 들어온 예랑이는 소영을 뚫어지게 쳐다보았다. 소영은 하던 일을 멈추고 예랑이를 바라보았다. 한참을 망설이던 예랑이가 입을 열었다.

“엄마, 나 학원 안 갈래요.”

소영은 예랑이의 입에서 나온 말을 듣고 깜짝 놀랐다. 아플 때도 연기 수업은 빠지지 않던 아이였다.

“왜 그러니?”

예랑이는 입 안으로 웅얼웅얼 거렸다.

“엄마가 들을 수 있도록 정확히 말해야지.”

소영은 웅얼거리는 예랑을 다그쳤다.

“연기 안 할래요.”

소영은 당황스러웠다. 한 번도 이렇게 말한 적이 없던 아이였다. 아이가 싫다고 하면 굳이 시키지 않겠다고 생각하고 시작한 일이었다. 지금이라도 예랑이 싫다고 하면 그만두게 할 것이라는 생각에는 변함이 없었다. 그러나 길이 조금 어렵다고 해서, 결과가 기대에 미치지 않는다고 해서 포기하도록 할 수는 없는 일이었다. 소영은 시간을 가지기로 했다.

“예랑아, 그럼 오늘은 학원에 가지 말자. 연기하기 싫으면 안 해도 된다. 그런데 정말 연기가 싫어진 건지 생각해 보고, 그때도 하기 싫으면 엄마한테 말하렴."

소영은 마음을 비우고, 예랑이의 결정을 기다리기로 했다.

일주일 뒤 학교에서 돌아온 예랑이가 말했다.

"엄마, 미안해요. 다시 열심히 해 보고 싶어요."

소영은 예랑을 안아 주었다. 비록 1분도 채 되지 않는 보조 출연이었지만, 브라운관에 나온다는 생각에 들떠 있었다. 어린 마음에 실망이 컸던 모양이었다. 그때를 생각하니 소영은 예랑의 아픔이 느껴져서 마음이 아려왔다.

촬영 장소에 도착해서 시계를 보니 3시였다. 장소는 일산에 위치한 학교였다. TV에도 종종 나온 곳이었다. 스텝들은 촬영 준비에 한창이었다. 모든 사람들이 저마다 분주하게 움직였다. 촬영장은 언제나 분주하고, 활기가 넘쳤다. 주위를 둘러보던 예랑이 소영에게 말했다.

"엄마, 저기 저 남자 아이 TV에서 봤던 아이야."

예랑이는 카메라 감독 근처에서 엄마와 함께 앉아 있는 다빈이를 바라보았다. 예랑이는 신기한 듯 다빈이를 바라보았다.

"주희야, 저기 저 아이 너도 알지?"

"응. 알아."

마냥 신기한 예랑과는 달리 주희는 새초롬한 태도를 보였다. 예랑이는 주희의 새초롬함에 멋쩍어진 듯 했다.

촬영이 시작되었다. 유치원에 마련된 무대에서 예랑이는 '개

구리송'을 부르면서 춤을 췄다. 예랑이는 보조 출연 제의를 받고, 집에서도 하루 종일 '개구리송'에 맞춰서 춤을 췄었다. 연습한 보람이 있는지 곧잘 했다. 카메라가 주시하는 쪽은 다빈이 쪽이었지만 소영의 눈에는 예랑이 밖에 보이지 않았다. 이번에도 예랑이는 나오지 않을 수 있었다. 또 편집이 될 수도 있고, 옆모습만 살짝 비출 수도 있었다.

'혹시 예랑이가 화면에 나오지 않더라도, 오늘 예랑이는 참 잘 했어.'

소영은 혼잣말을 해 보았다. 지금은 비록 화면에 나오지 않을 수도 있지만, 언젠가 지금의 시간들이 예랑이를 지탱하는 힘이 되어 줄 것이라는 사실을 깨달아 가고 있었다.

방송의 첫 시작, 보조 출연이 중요해요

부모님 입장에서 우리 아이가 보조 출연을 하는 것이 안타깝게 느껴질 수 있습니다. 실제로 보조 출연이 반복되면 어머니들은 중간에 포기하기도 합니다. 대사가 있는 것도 아니고, 얼굴이 잘 보이지 않기 때문이죠. 또 종종 편집이 되기도 하기 때문에 실망이 큰 건 사실입니다. 하지만 보조 출연은 촬영장의 분위기를 익힐 수 있는 좋은 기회입니다. TV는 연출자의 큐를 잘 알아듣고, 반응하는 것이 중요한데 현장의 분위기를 교실에서 터득하고 익히는 것에는 무리가 있기 때문입니다.

CF,
힘들지만 재미있어요

“예랑이 어머니, 지난번 예랑이 실망이 컸죠?”

예랑이를 걱정하는 선생님의 첫 마디였다. 소영은 고마웠다. 예랑이만 오디션에서 떨어진 것은 아니었다. 그런데도 선생님의 자상하고, 따뜻한 말 한 마디가 위로가 되었다. 소영은 예랑이도 금방 잊어버리고, 다시 열심히 수업하고 있다고 말씀드렸다. 선생님의 얼굴에서도 안도의 빛이 지나갔다.

“실은 드릴 말씀이 있어서요. 대학 후배가 졸업 작품으로 CF를 찍으려고 하는데 아역배우가 필요하다네요. 예랑이가 해 보면 어떨까 해서요.”

선생님은 공식적인 일도 아닌 작은 일을 맡기는 것이 못내 미안한 표정이었다.

“예랑이한테는 CF가 잘 어울릴 것 같아요. 워낙 다양한 표정을 가지고 있는 아이니까요. 경험한다고 생각하면 어떨까 해

서요."

소영은 잠깐 망설였다. 예랑이는 CF를 찍고 나면 TV에 언제 나오냐고 물어볼지도 몰랐다. 물론 좋은 경험이 될 것이었다. 사람들이 말하곤 했었다. 첫 시작을 어떻게 하느냐에 따라서 달라질 수 있다고. 그런 말들을 생각하면 첫 시작이 대학의 졸업 작품 출연이라는 것이 맘에 걸렸다. 그러나 또 한편으로는 예랑이에게 좋은 기회일 수도 있는 일이었다. 비록 작은 일이지만 예랑이의 실력을 테스트 해 볼 수 있는 좋은 기회가 아닌가. 아역배우 지망생들은 많지만, 막상 CF나 드라마에 출연하는 아이들은 한정되어 있다. 실력을 인정받은 아이들은 성인 연기자처럼 바쁜 생활을 하고 있었지만, 그렇지 못한 아이들이 더 많은 것도 사실이었다.

"촬영은 얼마나 해야 하죠?"

"촬영 일정은 하루고, 분량은 30컷 정도라고 해요."

하루 일정이라면 큰 무리는 없을 것 같기도 했다. 또 대학의 졸업 작품이니 촬영 때문에 군이 학교를 빠지지 않아도 될 것 같았다.

"선생님, 예랑이랑 상의를 해 보고 말씀드릴게요."

소영은 혼자 고민하지 않기로 했다. 어떤 일이든지 예랑이 원하는 대로 해 주고 싶었기 때문이었다.

집으로 돌아오자 태범이 들어와 있었다. 소영은 저녁 준비를

했다. 수업을 마치고 돌아오면 예랑이는 항상 배가 고프다고
했다. 그도 그럴 것이 학원에서 돌아오면 8시가 되어 있었다.
예랑이는 집으로 돌아올 때면 햄버거를 사달라고 조르기도 했
다. 소영은 페스트푸드는 되도록 먹이지 않으려고 했다. 그렇
다고 해서 아이가 배가 고프다고 하는데 모른 척 할 수는 없었
다. 그 뒤로는 집에서 만든 샌드위치를 가방에 넣어 다녔다. 또
집에 들어오면 꼭 한식으로 차려진 밥을 먹을 수 있게 하였다.
오늘 저녁 반찬은 꽁치였다.

저녁을 먹은 후 소영은 예랑이에게 선생님이 제의한 CF 촬영
에 대해서 이야기했다.

"연기자가 되기 위해서 예랑이도 준비하듯이, 대학에서는 영
화나 CF 감독이 되려고 준비하는 언니 오빠들이 있어. 그 언니
오빠들이 예랑이랑 촬영을 하고 싶어 한단다. 그런데 광고를
찍어도 TV에는 나오지 않을 거야. 그래도 괜찮겠니?"

소영은 최대한 솔직하게 아이에게 이야기 했다. 소영도 마음
이 썩 내키지는 않았다. 그러나 선생님이 특별히 마음을 써 주
신 점도 고맙고, 이번 일이 기회라는 생각도 들었다. 소영의 말
이 끝나자 예랑이는 한참을 생각하더니 입을 열었다.

"엄마, 그럼 전 TV에는 안 나와요? 사람들이 촬영한 것 아무
도 못 봐요?"

"TV에 안 나와서 많은 사람들이 보지는 않지만, 그래도 예랑

이를 봐 주는 사람들이 있을 거야.”

예랑이는 한참을 아무 말이 없었다.

소영은 예랑의 긴 침묵이 거절이라고 생각하고 말했다.

“하기 싫으면 안 해도 괜찮아.”

그런데 예랑이 긴 침묵을 깨고 입을 열었다.

“엄마, 저 할래요.”

의외로 예랑이는 흔쾌히 대답했다. 예랑이의 표정이 꼭 ‘엄마, 걱정하지 않아도 괜찮아요.’ 라고 말하는 것 같았다.

촬영은 일요일로 정해졌다. 다음날 선생님께 찾아가서 촬영을 하겠다고 말씀드렸다. 작은 일이지만, 그리고 정식으로 데뷔를 하는 것은 아니지만 예랑이에게 좋은 기회가 될 수도 있다고 선생님은 다시 한 번 강조하셨다. 소영은 촬영을 담당할 대학생들도 만나보았다. 의젓하고, 믿음직스러워 보였다. 촬영을 급하게 하느라 아이에게 스트레스를 너무 많이 주지 말아달라고 부탁했다. 정식으로 CF 촬영을 하다보면 아이의 의사가 무시되고, 아이가 지나치게 촬영에 대한 스트레스를 받을 수 있다는 이야기를 들었기 때문이었다. 촬영을 하게 될 대학생들도 그 점에서는 최대한 예랑이를 배려해주기로 약속했다. 그러한 약속을 미리 받아두었기 때문이었을까. 촬영은 순조롭게 진행되었다.

촬영은 아파트에서 진행되었다. 이웃끼리 관심과 애정을 가지자는 내용의 공익광고였다. 아파트의 벨을 누르고 사람이 나올 때까지 기다리는 장면이 있었다. 미리 양해를 구했기 때문에 아파트의 주민들은 촬영에 잘 협조해 주었다. 오전 11시에 시작된 촬영은 오후 2시가 되어서도 끝나지 않았다. 같은 장면을 몇 번씩 반복하는 것을 보면서 소영은 애가 탔다. 그러나 예랑이는 잠깐씩 쉬는 시간에도 카메라 앞에서 떠날 줄 몰랐다. 이리 뛰고 저리 뛰면서 돌아다녔다.

"예랑아, 안 힘들어?"

소영은 걱정스럽게 물었다.

"힘들지만 재미있어요."

예랑이는 밝게 웃으면서 이야기 했다.

4시에 잠깐 쉬는 시간을 가졌다. 비록 아마추어의 촬영이지만 지나가는 사람들은 모두 한 번씩 쳐다보았다. 사람들이 지나쳐 갈 때 마다 예랑이는 이미 스타나 다름없었다.

"어머, 저 애 좀 봐요. 어쩜 저렇게 예쁘게 생겼을까."

"TV에 나오는 아역인가 봐요."

"어쩜, 아이 눈이 저렇게 크고 예쁠까."

사람들의 이야기를 들을 때면 예랑이도, 소영도 기분이 좋아졌다. 촬영은 6시가 조금 넘어서 끝났다. 하루 동안의 촬영이었지만 대학생 언니 오빠들에게 예랑이는 사랑스러운 동생이 되어 있었다. 다들 예랑이를 옆에 앉히려고 했다. 예랑이도 싫지 않은 모양이었다. 소영은 예랑이의 촬영을 마치고 돌아오면서 생각했다.

'작은 성과들이 모여서, 큰일을 할 수 있게 되는 거야.'

예랑에게 오늘 하루 촬영은 작은 성과에 불과했다. 하지만 앞으로 작은 일들을 통해서 예랑이는 자신감을 갖게 될 것이었다. 또한 그러한 작은 일들에 대한 성취감들이 예랑이가 조금 더 비중 있는 일들을 도전할 수 있는 밑거름이 되어줄 것이었다.

아역배우의 CF 촬영

얼마 전 한 아역배우가 한 해에만 3곳의 업체와 CF 계약을 맺으면서, '최연소 CF퀸'으로 당당히 떠올라 화제가 된 적이 있습니다. 드라마 출연을 통해 천진난만하고 상큼한 외모로 잘 알려져 CF 부문까지 진출한 경우입니다.

CF에서의 순수하고, 티 없이 맑은 아이들의 모습은 기업 이미지와 상품에 좋은 영향을 미칩니다. 때문에 아역배우들의 CF 출연이 나날이 늘어나고 있는 추세입니다. 경우에 따라서는 CF를 통해서 얼굴이 알려진 후 역으로 영화나 드라마에 출연하는 아역배우들도 있습니다.

꿈은 이루어진다

　　대학 졸업 작품이었지만 CF 촬영을 하는 것이 예랑이는 마냥 즐거운 모양이었다. 학원에 가서도 주희에게 자랑을 하더니, 어제는 준목이와 전화통화까지 했다. 졸업 작품 발표회의 초대장이 왔을 때도, 꼭 영화 시사회에 초대된 것처럼 한껏 들떠 있었다.

　　"아빠도 같이 발표회 갈 거죠?"

　　"그럼! 우리 딸 첫 작품인데 보러가야지."

　　태범은 예랑이의 머리를 쓰다듬어주면서 말했다.

　　"저렇게 좋을까."

　　태범은 좋아하는 예랑을 보면서 아내에게 다소 무뚝뚝하게 말은 했지만, 예랑이의 첫 작품이 내심 기대되는 눈치였다.

　　발표회는 토요일, 대학교 극장에서 이루어졌다. 예술대학답게 시설이 꽤 그럴 듯 해 보였다. 대학로의 소극장에 온 듯한 착각이 들기도 했다. 학교로 가기 위해 언덕을 올라가면서 소영은 장미 꽃다발을 샀다. 예랑을 찍어주신 감독님께 선물을 해야 할 것 같아서였다.

"예랑이, 꽃도 사야지."

계산을 하고 있는 소영을 보면서, 태범은 씩 웃으면서 지갑을 꺼냈다. 태범은 예랑이의 꽃다발을, 소영은 예랑이를 찍어준 감독님의 꽃다발을 들고 학교에 들어섰다. 극장 앞은 사람들로 가득 차 있었다. 소영은 꼭 이 자리에 모인 사람들이 다 예랑이를 보러 온 것 같았다.

"여보, 이 사람들 모두 예랑을 보러 왔나 봐요."

소영의 귓속말에 태범은 '싱거운 사람'이라며 손사래를 쳤지만, 태범도 속으로는 그런 기분이 들었다. 마룻바닥으로 이루어진 원형 극장에는 사람들이 가득 들어찼다. 어떤 학생은 영화를 찍기도 했고, 또 다른 학생은 CF를 찍기도 했다고 했다. 젊은 사람들의 패기가 느껴지는 작품들도 있었고, 또 아마추어라서 그런지 어설픈 모습도 있었다.

"여보, 이제 예랑이가 나오는 작품이에요."

소영의 귓속말에 태범은 화면을 뚫어지게 쳐다보았다. 흰색 원피스를 입고, 머리띠를 예쁘게 하고 있는 예랑이 초인종을 누르는 장면이었다.

"우리 딸이 저렇게 예뻤나."

태범은 화면 속의 예랑일 보고는 소영에게 귓속말을 했다.

"그럼 누구 딸인데요."

소영이 남편을 귀엽게 타박했다. 예랑이도 스크린을 통해서 보는 자신의 얼굴이 신기한 모양이었다.

발표회가 끝나고 소영에게 꽃다발을 받은 대학생 감독님은 다소 쑥스러운 표정이었다. 태범은 예랑이에게도 꽃다발을 내밀었다.

"우리 공주님, 정말 예뻤어요."

태범에게 꽃다발을 받은 예랑이는 신이 나서 어쩔 줄을 몰랐다. 3분 정도 밖에 되지 않았지만 스크린 속에서 자신의 모습을 보았을 때, 예랑이는 주인공이 된 듯한 기분에 사로잡혔다. 예랑이는 더 많은 일이 해 보고 싶었다. 준목이처럼 뮤지컬도 해 보고 싶었고, 드라마에도 출연하고 싶었다. 예랑이가 이런 생각을 하고 있을 때, 낙타색 터틀넥을 입은 한 남자가 예랑의 가족들이 있는 곳으로 걸어왔다.

"안녕하세요. 예랑이가 정말 잘 하는 걸요."

학원의 캐스팅 디렉터 선생님이었다. 소영도 학원을 오가면서 몇 번 본 적이 있는 분이었다.

"이번에는 예랑이도 단막극에 출연했으면 좋겠네요."

태범과 소영, 그리고 예랑이 모두 어리둥절했다.

"물론 오디션을 봐야겠지만, 예랑이는 잘 할 것 같아요."

"와! 너무 잘 됐어요."

실감이 나지 않아서 멍하니 서 있는 태범과 소영에게 대학생 감독님이 축하 인사를 건넸다.

"정말 잘 됐어요. 제 졸업 작품에 미래의 아역 스타가 출연하게 될 줄은 미처 몰랐어요."

"아직 오디션에 붙은 것도 아닌걸요."

태범은 차분한 목소리로 이야기했다.

"예랑을 보러 와 주셔서 정말 감사합니다."

소영은 캐스팅 디렉터 선생님에게 감사 인사를 했다.

"제가 당연히 해야 하는 일인 걸요."

남자는 서글서글한 웃음을 지으면서 말했다. 예랑이는 앞으로 드라마에 출연하게 될 것을 상상해 보았다. 벌써부터 가슴이 부풀어 오르는 것 같았다.

캐스팅에서 아역 스타까지

아역배우가 브라운관이나 스크린에 데뷔하는 방법 중에서 가장 보편적이고, 안전한 방법이 연기 학원을 통해서 하는 것입니다. 성인 연기자들 못지않은 연기력이 필요하기 때문에 전문적인 트레이닝이 필수입니다. 아무리 끼와 재능이 있다고 하더라도 제대로 된 훈련이 없이는 방송에 출연하기 어렵습니다. 연출자들도 공개 오디션보다는 연기 학원에서 어느 정도 훈련을 받은 아이들을 뽑고 싶어합니다.

연기 학원 중에서는 MTM, 한국방송문화원, MBC아카데미 같은 연기 전문 학원이 있으며, 이 외에도 크고 작은 연기 학원들이 많이 있습니다. 현재 우리가 드라마나 영화를 통해서 만나는 아역 스타들도 대부분 연기 학원을 통해 데뷔했습니다.

SBS 드라마 '패션 70s'의 어린 '동영'역
김영찬

2005년 '패션 70s'로 SBS 아역상 수상
변주연

그 밖에 길거리 캐스팅, 인터넷을 통한 오디션, 인맥을 통한 방법이 있습니다. 길거리 캐스팅은 압구정이나 홍대 등에서 잘 이루어지는 편이지만, 아역배우의 경우는 길거리 캐스팅이 쉽지 않습니다. 또 아무리 강조해도 부족할 만큼 길거리 캐스팅은 사회적 문제를 만들고 있기 때문에 조심해야 합니다. 또한 인터넷이나 신문 지면을 통해서도 연극, 뮤지컬, CF의 아역배우를 공개 모집하기도 합니다. 공개 오디션의 경우 1,000대 1의 경쟁률은 기본입니다. 아이가 예쁘고 귀엽다고 해서 당연히 합격할 것이라고 생각하면 안 됩니다. 연기력과 춤, 노래 등의 개인기가 아역배우들에게도 필요합니다.

성실함과 인내로
꿈을 좇는 맹세창 군

"시간은 꿈을 배신하지 않는다." 세창이의 미니홈피 타이틀이다. 항상 열심히 연습하고, 촬영하는 세창이의 성실함과 잘 어울리는 타이틀이다.

KBS 드라마 '꼭지' 촬영 당시 세창이는 귀여운 꼬마였다. 그러나 어느 틈에 세창이는 중학교 3학년이 되어 의젓해졌다. 학교생활과 바쁜 촬영 일정으로 인해서 세창이를 자주 만날 수는 없지만, 오히려 그 때문에 세창이의 예전 모습이 가슴에 더 깊이 자리 잡는 것 같다.

무엇보다 반가운 소식은 요즘, 세창이가 영화를 촬영하고 있다는 소식이다. 벌써부터 세창이의 영화를 볼 수 있다는 생각에 가슴이 설렌다. 드라마, 뮤지컬, 영화까지 다양한 매체를 통해서 끼를 발산하는 세창이와 즐거운 대화를 나누었다.

Q 배우가 된 계기에 대해서 말해주세요.

A 꼬마 시절 때부터 TV를 보면서 배우라는 직업에 대해 많은 관심을 가지게 되었어요. 어머니께서도 배우를 시키려는 생각을 가지고 계셔서 MTM이라는 연기 학원에 들어가게 되었어요. 그곳에서 연기를 배우고 배우라는 직업에 대해서도 많이 알게 되었어요.

Q 연기를 시작한 뒤 가장 많이 달

라진 점은 무엇이죠?

A 달라진 것은 별로 없어요. 단지 시간적 여유가 부족했어요. 어린 나이지만 제가 좋아하는 일을 할 수 있다는 사실에 감사하며 행복한 마음으로 생활했어요.

Q 중학교에 입학한 이후 방송에서 많이 볼 수 없었는데, 지금 촬영하고 있는 영화에 대해서 하고 싶은 말은?

A 중학교 입학 후 학교 때문에 많은 작품을 하지 못했어요. 1년에 한 편 정도가 고작이었죠. 아직 촬영에 들어가진 않았지만, 영화 내용을 간략하게 말하면 서울에서 전학 온 어여쁜 여학생을 두고 시골의 순진한 남학생 둘이서 결전을 벌이게 되는 내용이에요. 영화의 테마는 '사랑과 우정'이라고 생각해요. 강원도 사투리를 써야 해서 촬영 들어가기 전부터 사투리 연습을 꾸준히 해 왔어요. 이제는 사투리에 많이 익숙해졌어요.

맡은 역할의 이름은 '희립'이에요.

Q 배역을 선택하는 기준에는 어떤 것이 있나요?

A 아직 청소년이기 때문에 배역을 선택하는 특별한 기준이 있는 것은 아니에요. 거의 대부분 저에게 맞는 영화를 찾기보단 영화에 나를 맞추고 있어요. 그렇지만 정 연기를 잘 소화해 낼 자신이 없거나 혹은 저에게 정말 어울리지 않는 그런 배역은 거절하는 편이에요.

Q 연기를 시작하고 나서 가장 기뻤던 순간이 있다면 언제인가요?

A 가수가 노래 잘한다는 소리를 들었을 때 기쁜 것처럼 저도 연기에 대해 칭찬을 받았을 때 가장 기분이 좋아요. 그리고 처음으로 제가 비중 있는 역을 맡았을 때 TV에서의 제 모습을 보면서 뿌듯하고요.

 배우가 되고 나서 힘들었던 점이 있다면 무엇인지 말해주세요.

 이 질문에 대해서는 할 말이 많아요. 몸으로 느끼는 피곤함, 스트레스 같은 것은 제가 좋아하는 일을 하고 있다는 사실 하나로 다 견디고 참아낼 수 있어요. 그렇기에 아무래도 가장 힘들었던 것은 학교와 학교 내 친구들 그리고 선배와의 관계가 문제였어요. 초등학교 때 한참 일이 많을 때, 학교에서는 연기하는 것에 대해서 너그럽지 않았거든요. 선생님께 공부나 연기, 둘 중에 하나를 그만두라는 말을 들었을 때 가장 힘들었어요. 그 계기로 전학을 가게 되었고, 전학을 간 학교에서는 다행스럽게도 많은 이해를 해주셨어요.

그리고 붙임성이 좋은 편에다, 항상 웃고 있는 '스마일 맨'이어서 친구는 많은 편이었지만 친해지기 전이 문제였어요. 친구들에게 쉽게 마음을 열지도 않았고, 또 조금만 눈에 띄는 행동을 하면 따가운 눈총을 받기 일쑤여서, 처음엔 적응하기가 힘들었어요. 하지만 3학년이 되면서부터는 친구들에게 저의 진짜 모습을 보여주고 친해질 수 있어서 기뻤어요. 그러나 선배들과는 친해질 계기가 없었고, 가끔 선배들이 지나치게 굴 때가 있어서 상처를 많이 받았어요. 마지막으로, 욕심이 많다고 욕하는 사람도 있겠지만 저는 공부도 연기도 모두 놓치고 싶지 않았어요. 두 가지 일을 병행하느라 어느 한 쪽에만 모든 신경을 쓸 수가 없었어요. 그래서인지 한 번은 저의 연기를 보신 관객들 중에 어떤 분이 이런 말씀을 하셨어요. '비중도 없는 한 캐릭터가 어설픈 연기로 영화의 전체적인 수준을 낮춰, 최하류 영화로 만드는 위력을 새삼 다시 느꼈다'라고. 저에겐 굉장히 큰 충격이었어요. 그렇지만 이 소중한 한마디가 저에겐 더 열심히 할 수 있는 계기를 만들어 주었어요. 열심히 연습하고는 있지만 다음 작품에서의 제 연기가 관객 분들에게 어떻게 다가갈지, 겁이 나기도 하고 설레기도 해요.

Q 중학생이 되어서 많이 바쁠 텐데, 연기에 대해서 가지고 있는 생각은? 그리고 앞으로의 계획을 말해주세요.

A 따끔한 충고를 받고 나서 연기에 대하여 더욱더 열심히 노력하고 있어요. 앞으로의 계획은 연기생활을 계속하면서 학교생활도 충실히 병행하여 훌륭한 사람이 되려고 노력할 거예요.

Q 앞으로 어떤 역할을 맡고 싶나요?

A 음……. 뭔가 말로 표현하기 어렵지만, 스릴러나 공포물에 나오는 미궁에 둘러싸인 교복 입은 중학생 역할을 해보고 싶어요.(웃음) 그렇지만 가장 하고 싶은 연기는 지금 "나" 자신의 모습을 있는 그대로 표현하는 역할을 해 보고 싶어요.

Q 어른이 된 뒤에는 무엇이 되고 싶나요? 배우가 된다면 어떤 배우가 되고 싶나요?

A 지금은 드라마도 하고 뮤지컬, CF, 영화 등 많은 부분에서 일을 하고 있지만 어른이 되어서는 연기력을 인정받는 '영화배우'가 되고 싶어요. 그래서 제 미래의 모델은 얼마 전에 같이 영화 촬영을 한 김윤진 선배님이에요. 뛰어난 연기력으로 해외에서도 인정받는 멋진 영화배우이신 것 같아요. 제 미니홈피 타이틀에 있는 "시간은 꿈을 배신하지 않는다."라는 말처럼 오랜 시간을 거쳐 열심히 연습하고 스스로를 끊임없이 다듬어 제 꿈을 꼭 실현하고 싶어요.

자신을 사랑할 줄 아는
박은빈 양

은빈이를 보면 천사라는 말이 생각난다. 천사처럼 예쁘고, 착한 이미지를 가지고 있는 은빈이는 1998년 SBS 드라마 '백야 3.98'을 통해서 데뷔했다. 그러나 은빈이의 천사 같이 예쁜 외모 뒤에 감춰진 뜨거운 열정과 탄탄한 연기력이 숨어 있다. KBS 드라마 '서울 1945'에서 은빈이는 보석처럼 빛났다. 이미 SBS 드라마 '왕의 여자', KBS 드라마 '무인시대'를 통해서 은빈이는 성숙한 연기를 보여준 바 있다. 때로는 천사처럼, 때로는 강인한 열정와 에너지를 보여주는 은빈이와 은빈이의 어머니를 만났다.

Q 배우가 된 계기에 대해서 말해주세요.

A **은빈 어머니** _ 다섯 살(만4세 생일)때, 연기 학원을 소개 받았어요. 연기 학원에 다니기 시작할 무렵 구연동화를 배우고 있었는데, 표현력 발달에는 연기 수업이 도움이 되리라고 생각했어요. 그때는 배우를 시키고 싶어서 연기 학원을 보낸 것은 아니었어요. 영국의 아이들이 4학년 무렵이면 셰익스피어를 훌륭하게 표현한다는 이야기를 듣고, 은빈이도 연기를 배우면 좋겠다는 생각을 했을 뿐이었어요. 그 해 백화점 브랜드인 아동복 모델(1996년)로 활동하게 되었고, 드라마 데뷔작인 SBS 특별기

획 '백야 3.98'은 사전제작(1997년) 작품이어서 연기 지도를 받은 후 10개월만인 6세 때부터 촬영을 하게 되었어요.

 연기를 시작한 뒤 가장 많이 달라진 점은 무엇이죠?

 은빈 어머니 _ 판단력과 인지도, 사회성 등이 다른 아이들보다 빨리 발달하였어요. 초등학교 때는 연기가 체험 학습이 되어서, 학업 성취도도 좋았던 편이었어요. 촬영을 할 때는 다소 조용하고, 차분한 편인데 학교생활에서는 리더십을 발휘하더라고요. 저는 은빈이가 연기를 통해서 사회성을 배웠다고 생각해요. 요즘 아이들은 형제가 없어서 사회성이 결여되는 아이들이 많잖아요. 은빈이는 초등학교 1학년부터 6학년 때까지 전 학년 반장을 했을 정도였죠. 중학교 때는 전교 부회장이 됐어요.

또 자기를 꾸밀 줄 아는 능력이 생기기도 했어요. 자기를 꾸미는 것은 자기를 사랑하는 것이기도 하잖아요. 자기 자신을 사랑하고, 소중히 여길 줄 아는 아이가 되어가는 것이 부모로서 참 좋았습니다.

 배역을 선택하는 기준은 어떤 것이 있나요?

 은빈 _ 아역배우는 기본적으로 감독의 오디션을 통해서 캐스팅이 돼요. 감독님의 판단에 의해 결정되거든요. 지금은 자신의 성격에 맞는 작품을 선호하지만, 연기를 통해서 어떤 배역이든 극복하려는 욕심도 가지고 있습니다. 비교적 내면연기를 할 수 있는 조용한 역할을 할 때가 좋아요. 조용한 연기를 할 때 마음이 편하고요.

 연기를 시작하고 나서 가장 기뻤던 순간이 있다면 언제인가요?

 은빈 _ 아역들은 무조건 다양한

장르를 경험하게 돼요. 저 같은 경우에는 CF, 드라마, 영화, 패션쇼, 뮤직비디오 등에 골고루 출연했어요. 특히 대하사극 장르인 '명성황후'에 세자빈으로 캐스팅이 되어서, 화려한 궁중의상을 입고, 고궁에서 촬영했을 때가 가장 기억에 남아요.

 배우가 되고 나서 힘들었던 점이 있다면 무엇인지 말해주세요.

 은빈 어머니 _ 추운 날에 밤새며 물 속에 빠져야 했어요. 은빈이도 힘들어했지만, 지켜보는 엄마로서도 안타깝고, 얼마나 마음이 아팠는지 몰라요. 한번은 은빈이가 몸이 많이 아팠던 적이 있어요. 그런데도 촬영 때문에 장거리 이동을 해야 해서, 제대로 먹지도 못하고 촬영에 들어간 적이 있어요. 그리고 다시 다음날 쉬지도 못하고 학교에 가야할 때, 숙제까지 해야 될 때는 정말 힘이 들었습니다. 또 뭐든지 다른 친구들처럼 할 수

없다는 것이 힘들었어요. 보통 연예인이 되면 사람들이 알아보는 것 때문에 자유롭지 못하고 힘들어하지만, 은빈이의 경우 비교적 그런 것을 불편해 하지 않고 좋아하는 편이라서 그나마 다행이라고 생각하고 있어요.

 제일 좋아하는 연기자는 누구이고, 그 이유는 무엇인가요?

 은빈 _ 워낙 어렸을 때부터, 많은 배우들을 만나고 가족 연기를 하다 보니 특별히 누가 좋다고 생각해 본 적은 없어요. 그러나 처음의 기억이 생생해요. '백야 3.98' 촬영 때 박상원 아저씨는 촬영장 이동 때마다 저를 목마 태워 먼 길을 가기도 했어요. '왕의 여자' 때는 지성 오빠가 연기를 잘한다고 칭찬해 주셔서 좋았어요. 아역 때는 멋있는 연기자들보다 저에게 따뜻하게 격려해 주시는 선배님들이 좋아지는 것 같아요.

Q 어른이 된 뒤에는 무엇이 되고 싶나요? 배우가 되고 싶다면 어떤 배우가 되고 싶나요?

A **은빈** _ 영화배우가 되고 싶어요. 어릴 때부터의 꿈이었으니까요. 연기에 도움이 되는 공부를 더 열심히 해서 어떤 배역이든 그것을 잘 표현할 수 있는 멋진 배우가 될 거예요.

Q 앞으로 맡고 싶은 역할은 무엇인가요?

A **은빈** _ 무협 액션 영화를 하고 싶다는 생각도 했어요. 지금은 비교적 성격에 맞는 역할을 하고 싶어요. 슬프고, 순수한 영화의 조용한 여주인공이었으면 좋겠어요.

5장
좋은 연기자가
되고 싶어요!

출연보다 준비가 더 중요해요

　캐스팅 디렉터 선생님은 오디션을 보러 갈 아이들을 학원 자체 오디션을 통해 선발했다. 주희도 오디션을 보게 되었다. 오디션 장에는 연출가 선생님과 작가 선생님이 계셨다. 묵직한 공기가 사방을 메우고 있는 것 같았다. 주희와 예랑이 외에도 10명 정도의 아이들이 더 있었다.

　"자기소개 해 볼까."

　연출가 선생님은 주희를 보면서 말했다.

　"네, 저는 훌륭한 연기자가 되기 위해서 노력하는 주희라고 합니다. 저는 춤을 잘 춥니다."

　자신감이 넘쳤다. 예랑이는 긴장하고 있었다.

　'이번에는 꼭 잘 하고 싶어.'

　예랑이는 다짐했다.

　"자, 강예랑. 읽어보자."

예랑이는 대사를 읽었
다. 엄마에게 매를 맞는
장면이었다.

"잘못했어요. 다시는 안
그럴게요. 일부러 그런 것
이 아니에요."

예랑이는 낭랑한 목소
리로 대사를 읽었다.

"예랑아, 엄마한테 매를
맞는데 그렇게 읽으면 어떻게 하니?"

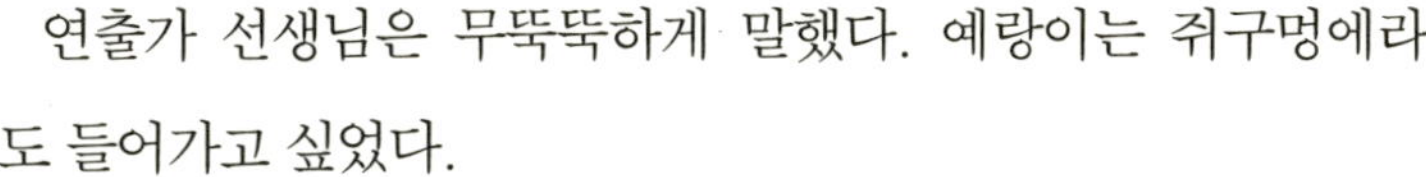

연출가 선생님은 무뚝뚝하게 말했다. 예랑이는 쥐구멍에라
도 들어가고 싶었다.

"한 번만 다시 해도 될까요?"

예랑이는 연출가 선생님께 사정이라도 하고 싶었다. 이번에
는 정말 잘 하고 싶었다. 오디션에서 떨어지고 싶지 않았다. 드
라마를 하고 싶었다.

"그래, 다시 한 번 해봐."

예랑이는 곧 울 것 같은 목소리로 대사를 읽었다. 눈물도 맺
혔다. 오디션을 마치고 나왔다. 예랑이는 표정이 어두웠다.

"왜 잘 못했니?"

캐스팅 디렉터 선생님이 예랑에게 말을 걸었다. 예랑이는 의

기소침해 있었다.

"괜찮아. 아직 결과도 모르잖아."

선생님이 예랑을 위로해 주었다.

오디션 결과가 나왔다. 주희가 주인공 부부의 아이 역할을 맡게 되었다. 예랑이는 주희의 친구 역할이었다. 주희에 비해서 비중이 작은 역할이었다.

"주희야, 축하해."

"너도 축하해. 우리 잘 하자."

예랑이는 섭섭했지만 진심으로 축하해 주었다.

예랑이와 소영은 대본을 받아왔다. 학원에 가기 위해서 여의도에 갈 때와는 사뭇 다른 기분이었다. 예랑이의 역할은 큰 역할은 아니었다. 졸업 작품 발표회 때 캐스팅 디렉터 선생님의 말을 듣고는 비중 있는 역할을 맡을 것이라고 기대했기 때문에 실망이 컸다. 소영도 마찬가지였다. 어린이 드라마도 아니고, 비중 있는 배역도 아니어서 장면이 많지는 않았다. '첫 술에 배부를 수 없다고 하잖아.'

소영은 아이보다 더 실망하지 않기 위해 마음을 다스렸다. 소영은 예랑이가 작품을 읽기 전에 먼저 읽어보았다. 소영은 예랑이가 출연하는 부분을 형광 사인펜으로 표시했다. 읽지 말았으면 하는 부분은 예랑이에게 간단한 설명으로 상황을 이해시킬 수 있도록 짧은 메모를 해 두었다.

소영은 퇴근을 하고 돌아온 태범과 함께 예랑이가 연습하는 것을 지켜보았다. 소영은 암기해야 하는 부분을 예랑에게 주었다. 그리고 작품의 전체 줄거리와 대략의 이야기들을 해 주었다. 예랑이는 암기할 대사를 몇 번씩 읽어보았다. 혀가 자꾸 꼬이는 것 같았다. 예랑이는 대사를 암기하는 것이 어려웠다.

학원에서 친구들하고 곧잘 기억력 테스트를 하고 놀았다. 의자에 빙 둘러 앉아서 한 명씩 자기가 어제 했던 일을 말하는 것이었다. 주희가 영화를 봤다고 하면, 그 다음 준목이는 주희는 영화를 봤고, 나는 책을 읽었다라고 말했다. 세 번째 예랑이는 주희는 영화를 봤고, 준목이는 책을 읽었고, 나는 엄마와 쇼핑을 했다라고 말했다. 이렇게 같이 수업을 듣는 반 친구들이 모두 어제 한 일을 말하면서 한 바퀴를 돌았다.

선생님과 함께 수업 시간에 기억력 테스트를 할 때, 가끔 '이런 걸 왜 하는 걸까.' 라는 생각이 종종 들었다. 그런데 막상 대사를 외우려고 하니 기억력 테스트가 왜 중요한지 알 것 같았다. 아이들이 떠들고, 말을 듣지 않을 때면, 선생님은 '모두 눈 감아' 라고 말씀하셨다. 연기는 혼자 하는 것이 아니라, 여러 사람이 함께 하는 공동 작업이기 때문에 듣는 것이 더 중요하다고 말씀하신 적도 있다. 또 이런 말씀도 하셨다.

"드라마에 출연하는 사람이 꼭 잘해야 하는 일이 대사 외우는 거예요."

그때 예랑이는 대사 외우는 것이 이렇게 어렵고, 힘든 일인지 몰랐다. 엄마와 아빠 옆에서 드라마를 볼 때는 몰랐었다. 대사와 함께 감정처리하는 것도 쉬운 일은 아니었다.

"잘 할 거다. 우리 딸 지난번 CF도 얼마나 멋지게 찍었니?"

태범이 시무룩해져있는 예랑을 격려했다.

촬영은 며칠 간 계속되었다. 촬영이 진행되면서 기다리는 시간이 늘어났다. 촬영 시간이 지연될수록 예랑이는 지친 기색이 역력했다.

"엄마, 주희 잘 하지요?"

주희의 연기를 바라보면서 예랑이는 같은 말을 반복했다.

"예랑이도 잘 할 거야."

소영은 예랑이를 위로했다. 계속 주희가 맡은 역할에 미련이

남는 눈치였다.

"준비하세요."

차 안에서 기다리는 예랑이와 소영에게 조연출이 와서 알려 주었다. 소영은 예랑이를 데리고 차에서 내렸다. 소영은 예랑이가 잘 할 수 있을까 걱정이 되었다. 그러나 예랑이는 카메라에 불이 들어오자 조금 전까지 언제 그랬냐는 듯이 연기를 했다. 대본을 받고 나서 엄마, 아빠 앞에서 연습할 때와는 다른 모습이었다.

이번 신은 매 맞는 장면이었다. 엄마 역할을 맡은 연기자가 매를 가지고 예랑을 때렸다. 예랑이는 두 눈을 꼭 감고 있었다. 눈에서는 눈물이 뚝뚝 떨어졌다. 소영은 예랑의 촬영 장면을 보면서 맘이 아팠다. 아무리 연기라고는 하지만 매를 맞은 적이 없는 아이었다. '사랑의 매'라고 하지만 소영은 좀처럼 아이를 때리지 않았다. 『꽃으로라도 때리지 말라』는 책 제목도 있잖은가. 매를 맞고 자란 아이와 그렇지 않은 아이는 차이가 있을 수밖에 없다고 소영은 생각했다. 하지만 연기하는 데 있어서 매를 맞든, 계단에서 구르든 소영이 어찌 할 수 없는 일이었다. 그것은 단지 연기일 뿐이었다. 몇 번의 NG가 났다. 서럽게 울던 예랑이 눈물을 닦고는 손바닥을 비볐다. 소영은 예랑의 손바닥을 감싸 쥐었다.

"많이 아프지?"

  예랑의 엄마 역할을 맡은 성인 연기자도 미안해서 어쩔 줄 몰라 했다.

"괜찮아요."

예랑이는 눈물로 촉촉해진 눈을 비비면서 말했다.

"세게 때려도 괜찮아요."

손바닥이 얼얼한지 계속 비비면서도 예랑이는 웃었다.

"예랑이는 연기가 뭔지 아는구나."

감독님은 대견스러운지 예랑의 손을 어루만지면서 격려해주었다. 촬영을 하는 내내 예랑이는 불평 한마디 하지 않았다. 오래 기다려서 지친 모습도 카메라 앞에서는 보이지 않았다.

"예랑이는 연기 신동인가 봐요."

촬영이 끝나자 스탭들은 예랑의 연기를 보면서 한 마디씩 칭찬했다.

"예랑이 저보다 더 잘 하는 것 같아요. 많이 아팠을 텐데 내색도 안 하고……."

예랑의 엄마 역할을 맡은 성인 연기자가 말했다.

소영은 예랑의 손을 꼭 잡아주었다. 촬영 내내 엉엉 서럽게 울던 예랑의 두 눈이 퉁퉁 부어 있었다.

아역 스타를 꿈꾸는 이들에게

1. 화려함에 취하지 말자

TV에서 보이는 화려한 모습만을 생각하면 곧 실망하게 됩니다. 연기는 자기를 버리고, 다른 사람이 되어야 하는 것입니다. 다른 사람이 된다는 것은 쉬운 일이 아닙니다. 힘들기도 하고, 때로는 도망치고 싶기도 합니다. 때문에 인내심은 연기자에게 꼭 필요한 요소입니다.

2. 예술가적인 기질과 개성을 잊지 말자

배우는 예술가입니다. 아역배우라고 해서 예외일 수 없습니다. 예술가로서의 창조적인 마인드가 필요합니다. 또한 누구나 가지고 있는 모습이 아닌 자기만의 색깔을 가진 연기자가 되도록 노력해야 합니다.

3. 외모보다는 연기력으로 승부하자

TV 연기자에게 외모가 중요하지 않다고 말할 수는 없습니다. 깔끔한 외모는 분명 플러스 요인입니다. 그러나 외모로만 승부할 수 있는 시대는 지났습니다. 체계적인 훈련을 바탕으로 좋은 연기력을 연마할 필요가 있습니다. 또한 외모로 인기를 끌려고 하기보다는 연기력을 통해서 감동을 전하고자 하는 자세가 필요합니다.

4. 연기자라는 공인으로서, 사회적 책임 의식을 갖자

연기자가 공인인 시대가 되었습니다. 그만큼 연기자에게는 사회적 책임이 요구됩니다. 이것은 훈련이기도 합니다. 성인 연기자들이 종종 사회적 물의를 일으키는 경우가 있습니다. 이들 성인 연기자들은 공인으로서 사회적 책임이 필요하며, 동시에 사회 공동체의 발전에 기여해야 한다는 인식이 부족하다고 봅니다. 아역배우들은 어릴 때부터 이러한 마인드를 가질 수 있도록 훈련이 필요합니다. 성인이 되어서도 인정받고 사랑받는 연기자가 되기 위해서는 책임감과 공인으로서의 자세가 무엇보다 중요하다고 할 수 있습니다.

영화가 좋아요

　소영은 아직도 믿어지지가 않았다. 단막극을 끝내고, 영화를 하게 된 것은 행운이라면 행운이었다. 캐스팅 디렉터 선생님에게 영화 오디션 제의를 받고, 소영은 망설였다. 오디션을 보기도 전에 걱정부터 앞섰다. 단막극이 끝나고 예랑이를 알아보는 사람들이 늘어났고, 예랑이 스스로도 '할 수 있다' 는 자신감을 가지고 있었다. 그러나 소영은 막상 오디션을 보는 것은 망설여졌다. 오디션에서 기대했던 역할을 받지 못했을 때 예랑이가 겪을 감정들을 생각하니 겁이 났다.

　"조금만 더 생각해 볼게요."

　소영은 선뜻 대답하지 못했다. 오디션 자체를 피하고 싶었다.

　"어머니, 오디션은 어쩔 수 없이 봐야만 하는 겁니다. 오디션을 겁내시면 안 돼요."

　캐스팅 디렉터 선생님의 끈질긴 설득에 소영은 마음을 돌렸다. 오디션 결과를 듣고, 소영은 꿈만 같았다. 예랑이의 노력들이 조금씩 빛을 발하고 있었다. 단막극을 함께 한 연출자와 스탭들도 예랑이가 어린 나이답지 않게 진지한 연기를 보여주고 있다고 칭찬을 아끼지 않았다.

예랑이는 성인 연기자의 어린 시절을 맡았다. 감독은 예랑이가 잘 할 때까지 계속 반복해서 찍었다. 학기 중이라서 학교생활과 촬영 이 두 가지 일을 동시에 병행해야 한다는 것이 쉬운 것은 아니기 때문이었다. 그러나 누구에게나 기회가 자주 오는 것은 아니었다. 무엇보다 촬영장에서 예랑이는 빛이 났다. 어린 나이에 어디서 저런 열정이 나올까 싶을 만큼 예랑이는 잘 해내고 있었다. 예랑이의 모습을 볼 때면, 소영은 연기를 선택하길 참 잘했다는 생각이 들었다. 아이에게 모두 획일적이고, 똑같은 교육만을 강조하는 한국의 시스템에서 다른 길을 선택했다는 것은 모험이기도 했다. 그러나 아이의 색깔, 아이의 재능을 찾아주는 일이 얼마나 중요한 일인지 소영은 예랑이의 모습을 지켜보면서 조금씩 알아가고 있었다. '부모가 된다는 것이 이런 것인가', '아이를 통해서 어른이 배운다는 것이 이런 것인가' 하고 느끼고 있었던 것이다.

소영은 전화를 받았다. 영화 홍보를 위한 인터뷰였다. 예랑이는 영화 홍보와 무대 인사로 바쁘게 움직였다. 오히려 촬영 때보다도 더 바쁘게 움직여야 했다. 예랑이는 성인 연기자와 함께 인터뷰 제의를 많이 받았다.

잡지사 인터뷰 날, 예랑이는 검은색 빵모자를 쓰고, 멜빵 치마를 입었다. 어려운 환경 속에서도 꿋꿋하게 살아가는 극중 인물의 모습과 잘 어울리도록 소영은 특별히 신경을 썼다. 약속 장소는 압구정의 한 커피숍이었다. 화보 촬영이나 인터뷰가 빈번하게 일어나는 장소이기도 했다. 잡지사의 기자가 기다리고 있었다. 예랑이를 보자 기사와 카메라 기자 모두 자리에서 일어났다.

"TV에서 봤을 때보다 훨씬 더 예쁘네요."

기자의 첫 마디였다. 예랑이는 아직 예쁘다는 말이 낯선 듯했다. 자리에 앉아 10분쯤 기다리자 성인 연기자가 들어왔다.

"아역 연기자와 닮으신 것 같아요."

"그런가요."

성인 연기자가 웃으면서 말했다. 카메라 기자가 연신 사진을 찍었다.

"포즈 좀 취해 주시죠."

예랑이는 기자의 말에 따라서 카메라를 보고 웃었다.

"지난번 단막극에서 예랑이가 연기하는 것 봤어요. 예랑이가 제 어린 시절을 맡아준다고 해서 안심이 되고 좋아요."

성인 연기자는 웃으면서 말했다. 예랑이는 처음 만나는 자리인데도 오래 전부터 알고 지낸 사이처럼 싹싹하게 굴었다.

"언니가 나오는 드라마 본 적이 있어요. 저도 언니의 어린 시절이라 너무 좋아요. 열심히 할게요."

까르르 웃으면서 말하는 예랑이는 예전의 수줍음이 많은 예랑이가 아니었다.

"예랑이는 드라마가 좋아요, 영화가 좋아요?"

"전 영화가 더 좋아요. 영화는 제가 잘 못하면 언제든지 다시 찍을 수 있거든요. 힘들지만 좋아요."

"어린 나이에 벌써 그런 생각까지 해요?"

기자의 눈이 휘둥그레졌다. 예랑이는 살짝 웃었다.

"거봐요. 예랑이가 저보다 더 열정적이죠. 예랑이가 제 경쟁자예요."

성인 연기자의 과장된 몸짓에 자리에 있던 사람들 모두 웃음을 터뜨렸다.

영화 촬영의 POINT

영화는 어제는 여름이었는데, 내일은 겨울일 수도 있고, 아침을 찍다가 조금 후 밤을 촬영할 수도 있습니다. 시간과 공간, 계절이 온통 뒤죽박죽 섞여서 감정을 어떻게 유지해야 하는지 혼란스러울 수도 있습니다. 특히 아이들의 경우는 더욱 그렇습니다. 때문에 영화 촬영을 할 때는 소품과 시선처리에 세심한 주의를 기울여야 합니다. 또한 아이가 감정을 잘 유지하고, 필요한 상황에 따라서 감정을 끌어낼 수 있도록 도와주어야 합니다.

학교생활도
소홀히 할 수 없어요

영화 대본 연습을 하러 가기로 약속한 날이었다. 소영은 학교로 예랑을 데리러 갔다. 3교시가 끝나고 예랑이는 조퇴했다. 드라마 촬영도 그렇지만, 영화 촬영의 경우 대본 연습을 하는 날이 많았다. 대본 연습은 강남에 있는 영화사에서 진행되었다. 영화사에 들어가니 감독과 성인 연기자들도 모두 와 있었다. 예랑이가 또 꼴찌였다. 감독님도 다른 연기자들도 예랑이가 학교에 갈 수 있도록 배려해 주려고 노력하는 편이었다.

그러나 현실적으로 어려운 점이 많았다. 성인 연기자들의 스케줄을 맞춰서 시간을 잡기도 어려운 실정이었다. 며칠 뒤에는 본격적으로 촬영에 들어가는데 그렇게 되면 학교는 더욱 가기 힘들었다. 특히 이번에 맡은 역할은 지방에서 진행되기 때문에 영화 촬영기간 내내 학교는커녕 집에도 오기 힘들 것 같았다. 소영은 태범에게 미안한 생각이 들었다. 아이에게 신경을 쓰다

보니 남편에게 소홀하게 되었다. 촬영을 마치고 집에 들어가면 12시가 넘는 날도 많았다. 태범이 라면으로 저녁을 때우는 날도 점점 늘어났다.

"허, 어쩌겠어. 우리 딸 때문에 그러는 걸."

미안해 하는 소영에게 태범은 대수롭지 않게 넘겼다. 소영은 태범이 고마웠다. 다른 엄마들하고 대화를 할 때면 아이의 촬영 때문에 부부싸움을 하기도 한다고 했다. 두 아이의 엄마인 예슬이 어머니는 며칠 전에도 아이 때문에 부부싸움을 했다고 했다. 매일 촬영 때문에 늦는 것이 화근이었다. 특히 예슬이의 언니가 동생만 챙겨주는 엄마 때문에 섭섭해 한다고 했다.

"예랑이 엄마는 좋겠어요. 남편이 밀어주잖아요."

예슬이 어머니를 만날 때마다 듣는 소리였다. 아이를 연기 학원에 보내는 것조차도 싫어하던 태범은 예랑이가 TV에 나오는 모습을 보면서 차츰차츰 달라졌다. 특히 2학기에 올라와서 예랑이가 학급 반장이 되고 나서부터는 태도가 더욱 달라졌다.

"우리 딸이 정말 반장을 해?"

태범은 온종일 싱글벙글이었다. 또 아이들 사이에서 예랑이는 더 이상 있는 듯 없는 듯 조용한 아이가 아니었다.

"나 너 TV에서 봤어, 좋겠다."

"너희 집에 놀러가도 되니?"

예랑이의 반 친구들은 예랑이가 TV에 나온 것을 좋아했다.

또 집에도 자주 놀러왔다. 카메라 앞에 서는 것처럼 친구들 앞에 서는 것도 자신 있어 했다. 반장이 되고 나서 예랑이는 공부를 더 열심히 했다. 예랑이가 졸라서 수학 학원과 영어 학원을 다니기도 했다. 학교도 빠지는 날이 많은데, 학원을 빠지는 것은 어쩌면 당연한 일인지도 몰랐다. 그러나 예랑이는 학교에서 그날 배운 분량들을 집에 와서 따로 공부했다. 아무리 늦은 시간이 돼도 집에 와서 그날 배운 분량을 반드시 공부하고 잠이 들었다. 지방 촬영의 경우 새벽에 다 같이 출발하는 경우가 대부분이었다. 예랑이는 잠이 덜 깬 눈을 비비면서 출발 장소로 갔다. 차 안에서 예랑이는 부족한 잠을 잤다. 옆에서 지켜보는 소영의 마음도 쓰렸다. 지방에서 촬영을 할 때는 기다리는 것이 예사였다. 예랑이의 경우 비중 있는 역할을 맡기까지 촬영 현장에서 기다리는 시간이 많았다. 3~4컷을 찍기 위해서 한두 시간씩 기다리는 것은 흔한 일이었다. 기다리는 시간이 길어지면 길어질수록 예랑이도, 소영도 지쳐갔다.

"엄마, 기다리는 시간에 공부 할래요."

촬영 현장에 책을 가지고 다니기 시작한 것은 일산 촬영 현장에서였다. 이동하는 차 안에서와 촬영장에서 틈틈이 책을 보기로 했다.

'공부만 시킬 것을…….'

촬영장 현장에서 쭈그리고 앉아 있는 예랑이를 볼 때마다 소영은 이 길로 들어선 것을 후회하기도 했다. 그러나 카메라 앞에서 자신감 넘치는 아이를 볼 때면 그 마음이 싹 사라졌다. 예랑이가 캐스팅되면서 시작된 고민이기도 했다.

이번 영화 촬영은 한 달간 지방에 있는 작은 초등학교에서 진행되기로 되어 있었다. 한 달 동안 학교를 빠지는 것이 편치 않았다. 소영은 촬영이 있는 초등학교 교장선생님에게 전화를 걸었다.

"학교에서 수업을 듣게 해 주실 수 있나요?"

소영은 정중하게 부탁했다. 처음에는 안 된다고 거절하셨던 교장선생님은 거듭되는 소영과 감독의 부탁에 승낙을 했다. 임시방편이었지만 소영은 예랑이가 촬영을 하면서도 학교에 다닐 수 있게 된 것이 안심이 되었다. 외국의 경우 아역배우들을 보호하기 위한 법률이 있다는 이야기를 들은 적이 있다. 소영은 우리나라도 하루 빨리 그런 법률과 제도가 생겼으면 좋겠다는 생각이 들었다.

팬들이 생겼어요

영화 시사회 날 예랑이는 주희와 준목이도 불렀다. 준목이는 뮤지컬이 끝나고 나서 다시 학원을 다니고 있었다. 캐스팅 디렉터 선생님의 권유로 보조 출연을 몇 번 하기는 했지만, 아직 정식 배역을 맡지는 않았다. 뮤지컬에서 비중 있는 역할을 했던 준목이는 보조 출연은 하고 싶어 하지 않았다.

"처음에는 힘들었는데, 지금은 연극이 좋아."

준목이는 연극을 좋아했다. 학원의 선생님들도 준목이에게는 TV보다 연극이나 뮤지컬의 오디션을 보도록 주선해 주고 계셨다. TV 출연 경험이 없기 때문에 아직 감각을 익히지 못하고 있는 듯 했다. 드라마와 영화, 연극은 모두 다른 감각이 필요했다. 예랑이는 아직 연극을 해 보지는 못 했지만, 영화나 드라마와는 다를 것이라고 어렴풋이 생각하고 있었다.

"난 연기 수업을 더 열심히 들을 거야."

예랑이 말했다. 예랑이는 영화 촬영을 하면서 연기 수업을 더 열심히 듣지 못한 것을 후회했다. 어떨 때는 감독님께 눈물이 쏙 나오도록 혼이 난 적도 있다. 모니터 화면을 보면서도 '난 왜 이렇게 못 할까.' 하는 생각을 한두 번 한 것이 아니었다.

"나도 그럴 거야. 선생님이 나는 발성연습을 더 열심히 해야 한다고 했어."

주희도 맞장구를 쳤다. 단막극이 끝나고 주희는 별 다른 역을 맡지 못하고 있었다. 선생님들은 주희가 기본이 더 튼튼해지도록 세심하게 지도해 주셨다. 당차고 적극적인 성격 때문에 뭐든 빨리 배웠다. 그러나 고집스런 성격은 잘못된 부분을 빨리 고치지 못하게 했다.

예랑이는 영화 초반부에 나왔다. 그 이후부터는 성인 연기자가 연기했다. 예랑이는 영화를 보면서 계속 눈물이 나왔다. 영화를 찍을 때보다, 영화를 볼 때 주인공의 슬픔이 더 잘 느껴졌기 때문이다.

"너는 네가 연기한 것을 보고 우니?"

주희는 짓궂게 굴었다. 주희도 빨리 예랑이처럼 영화를 찍을 수 있었으면 좋겠다고 생각했다. 시사회가 끝나고 영화사에서는 팬들과의 자리를 만들어 주었다. 영화사에서 마련해 준 자리에는 예랑이만 있는 것은 아니었다. 여러 스텝들과 성인 연기자들도 있었다. 사람들은 깜찍한 연기를 보여준 예랑이에게 관심이 집중되었다.

"예랑아, 언니랑 사진 찍자."

"어쩜 그렇게 연기를 잘 하니?"

저녁을 먹으면서 사진도 찍었다. 단막극 방송 이후 예랑이를 알아보는 사람도 많이 늘었다. 버스 안에서도, 지하철 안에서도 사람들은 예랑이를 알아보았다. 지하철 안에서는 핸드폰 카메라로 사진을 찍기도 했다. 그러나 오늘처럼 주인공이 된 듯한 느낌을 가진 적은 없었다.

소영은 예랑을 보면서 벌써 이런 분위기에 익숙해지는 것은 아닐까 싶어서 걱정이 되었다. 아이가 열심히 노력하고, 성실히 배워나가는 것보다 다른 사람들의 시선을 신경 쓰는 일에 먼저 익숙해지는 것은 아닐까 염려가 되었다.

그러나 예랑이는 아역배우이기 이전에 어린아이였다. 여러 사람들 속에서 사랑받고 있다는 것을 인식하고, 촬영 때문에 힘들었던 것들도 다 잊은 듯 했다. 예랑이는 뮤직 비디오와 CF 촬영을 앞두고 있었다.

앞으로 바쁜 생활 속에서 예랑이가 오늘의 기억을 잊지 말아주기를 소영과 태범은 바랐다. 사랑받고 있다는 기억이 예랑이의 학교생활과 연기생활에 힘이 되어주기를 기도했다.

예랑이의 갈 길은 아직 멀다. 아이의 앞날에 어떤 길이 놓여 있고, 예랑이가 어떤 길을 선택하든 언제나 제 삶의 주인공으

로 자라나기를 소영과 태범은 간절히 바라고 있었다. 그런 엄마 아빠의 마음을 하늘도 아는지 창틈으로 햇살이 푸지게 들어왔다.

아역배우, 얼마나 벌까?

우리가 잘 알고 있는 아역 스타를 제외하고는 수입이 많은 편은 아닙니다. CF 촬영에서 2,000만 원~3,000만 원을 개런티로 받았다는 기사를 접해 보았을 것입니다. 그러나 보통 대다수의 아역배우들의 개런티는 그렇지 못한 편입니다.

드라마의 경우 아역배우의 비중이 커진 것에 비해 출연료는 인색한 편입니다. 일반적으로 드라마 출연료는 보통 몇 만 원 수준입니다. 60분 드라마 1회 출연을 기준으로 1~5등급까지 등급이 나눠져 있으며, 이에 따라 약 4만 원~10만 원 정도가 지급됩니다. 여기에 지방이나 밤 촬영에 따른 부속 수당이 별도로 지급되는 정도입니다. 성인 연기자와 비교하면 개런티의 액수는 적은 편입니다.

그러나 최근에는 아역배우들의 경우에도 드라마에서 계약을 하고, 출연하는 경우가 늘고 있습니다. 또한 아역배우들 대부분이 개런티를 중요하게 생각하지 않습니다. 아역배우로 시작해서 성인이 된 후 연기자로서 활동할 수 있다는 꿈이 있기 때문입니다. 또 얼마 전, 한 인터넷 신문은 아역 모델이 소녀로 성장하면서 6년 만에 개런티가 6,000배가 올랐다는 기사를 본 적이 있습니다.

아름다운
4월의 신부, 이재은

배우에게 필요한 것이 무엇일까? 연기력, 개성, 열정과 노력…… 이 중, 하나라도 빠져서는 좋은 배우가 될 수 없다. 이재은을 떠올리면 이 모든 조건을 다 타고난 배우가 아닐까 하는 생각이 든다. 그만큼 그녀는 우리를 항상 놀라게 한다.

1988년 영화 '어른들은 몰라요'에 유치원생으로 출연했던 여덟 살 이재은이 느닷없이 '노랑머리'로 우리 곁에 다가왔을 때 우리는 아역배우 이재은과 연관시켜서 생각할 수가 없었다. 톡톡 튀는 발랄한 '마마린'인가 싶더니, 매력만점 섹시녀에서 기생으로까지 변신했다. 또 다시 우리 곁을 찾아왔을 때 우리는 변신에 변신을 거듭하는 그녀를 보면서 놀라지 않을 수 없었다. '내츄럴 시티'에서는 사이보그 역할까지 했었던 그녀의 변신의 끝은 어디인지 알 수가 없다. '그래, 저 모습이 이재은이지.'라고 단정 지으려고 할 찰나, 그녀는 깊은 소리를 하는 기생으로 변신해 있다. 또 기생 이재은에 익숙해질 때쯤이면, 고독과 우수에 젖은 '전혜린'으로 변신해 있기도 한다. 그녀는 그렇듯 항상 사람들을 놀라게 한다. 어쩌면 그녀의 피 속에선 '센세이션'이라는 단어가 흐르고 있는지도 모르겠다.

그녀는 배역과 자신을 동일시하는 탁월한 능력을 가지고 있다. 그녀는 연기를 할 때만큼은 이재은이 아니다. 그녀는 배우다. 아역의 귀엽고, 깜찍한 이미지를 기억하고 있는 대중에게 성인 연기자로 인정받는 것은 이재은 또한 쉬운 일은 아니었다. "어느 날부터 더 이상 아역이 들어오지 않았어요."라고 이재은은 말한다.

배우는 대중의 사랑을 받아야만 살 수 있다. 이재은 또한 마찬가지였다. 아역배우가 아니라 배우 이재은이 되어야 하는 시기가 온 것이다. 이재은은 '노랑머리'를 통해서 장기간의 공백을 깨고 다시 대중의 곁으로 돌아왔다. '세기말'에서는 파격적인 노출로 아역배우의 이미지를 떨쳐버릴 수 있었다. 그러나 이재은은 이것이 '충격요법'이었다는 항간의 평은 인정하지 않는다. "전 시나리오가 좋으면 연기를 해요. 또 언제나 다른 이미지를 만들고, 그러기 위해 노력하고 있어요."라고 야무지게 말하는 그녀를 보면서 '영락없는 배우구나'라는 생각을 하게 된다.

그녀의 다부진 끼는 국악예술고등학교에서 착실하게 쌓은 민요와 전통 춤에서도 드러난다. 그녀는 착실하게 자신을 준비한 배우이다. 어린 시절 그녀는 유달리 목소리가 작았다고 한다. "목소리가 작아서 동시마이크, 보조마이크, 와이어리스마이크 세 개를 들이대도 목소리가 안 나왔어요. 그래서 노래를 배우기 시작했죠."라고 말하는 그녀의 얼굴에서는 어렴풋이 예전의 기억이 떠오르는 듯 했다. 그녀는 아역배우도 배우임을 잊지 말아야 한다고 강조한다. 목소리가 작아서 노래를 배웠듯이 항상 자신의 실수와 단점을 기억하고, 더 좋은 연기자가 될 수 있도록 노력해야 한다고 말한다. 그녀의 이러한 노력이 있었기에 오늘의 이재은이 있었던 것은 아닐까?

일례로, '어른들은 몰라요'의 이규형 감독이 한 말이 있다.

"이재은은 보통내기가 아니었어요. 도대체 어떻게 된 꼬마 계집애가 촬영 들어갈 때마다 '감독님, 요번에는 웃길까요, 울릴까요?' 라고 묻는 거예요."라고 말하면서 여덟 살 이재은을 떠올리기도 했다. 그녀는 "유달리 어려운 역할을 많이 맡았어요."라고 말하며 웃는다. 그녀에게 어려운 역할을 맡기는 것, 그것은 남들이 소화해내기 힘든 역할을 타고난 끼와 열정으로 잘 소화해내기 때문일 것이다. 또한 그녀에게는 유달리 욕심이 많기도 하다. 배우로서 인정을 받은 이재은은 트로트 가수에도 도전했다. '아시나요' 등은 경쾌하고, 발랄한 이재은과 더 없이 잘 어울린다. 이재은이 부른 트로트는 드라마 삽입곡으로도 쓰였다. MBC 주간시트콤 '안녕, 프란체스카'에서 '젠틀맨이야'를 불렀던 이재은은 MBC 새 일일드라마 '사랑은 아무도 못말려' 오리지널 사운드 트랙에 참여하기도 했다.

어떤 배우가 되고 싶냐고 묻자 "아역으로 다져진 연기력과 연기에 대한 열정은 좋은 영화를 만들 수 있는 밑천이 되었던 것 같아요. 이 역은 이재은 밖에 할 사람이 없어."라는 말을 듣는 배우가 되고 싶단다. 그녀는 또 아역배우를 꿈꾸는 후배들에게 '스타' 이기 이전에 진정한 '배우'가 되어야 한다는 충고도 빼 놓지 않았다.

아역배우에서 성인 연기자로 이미지 변신에 성공한 뒤 곧 이어 트로트 가수로 우리 곁으로 다가온 이재은은 아름다운 4월의 신부가 되었다. 일이면 일, 사랑이면 사랑. 무엇 하나 못하는 것이 없는 딱 부러지는 모습이다. 그녀가 결혼 이후에도 우리에게 노래와 좋은 연기로 기쁨을 주기를 기대한다. 행복한 결혼 생활이 그녀의 연기 인생에서 새로운 힘이 되지 않을까?

두 마리의 토끼를
다 잡은 배우, 정태우

" 불만보다는 감사하는 마음으로 주어진 일에 최선을 다하세요. **"**

정태우는 '태조 왕건'과 '논스톱' 등을 통해서 우리에게 잘 알려져 있다. 그는 단종 연기만 3번이나 연기했을 정도로 사극에서도 맹활약을 하였다. 앳된 모습의 그에게서 어디서 저런 묵직하고 진지한 연기가 나올까 싶을 정도로 그의 연기는 사람을 끌어들이는 힘을 가지고 있었다.

그런 정태우가 어느 날 시트콤에 출연을 했다. 무게 있는 연기를 보여주던 정태우가 젊고 발랄한 이미지를 과연 소화해 낼 수 있을지 우려 섞인 목소리가 있었다.

그러나 정태우에게는 장르의 구분은 애시당초 장애가 되지 않는 듯했다. 그는 사극에서 보여준 진지한 연기를 어느 틈에 벗어버리고, 자신의 나이와 딱 맞는 상큼한 연기를 보여주었다. 시트콤의 영향 때문인지 그는 이제 우리에게 '느끼 왕자'로 통한다. 그만큼 탄탄한 연기력이 뒷받침되기 때문이다.

정태우는 어릴 때 동네에서 드라마 촬영을 하는 것을 보고 연기를 하고 싶다고 엄마를 졸랐다. 몸에 흐르는 끼와 뜨거운 열정을 어린 정태우는 직감적으로 알고 있었던 것은 아닐까.

그는 6살 때 영화 '똘똘이 소강시'
로 데뷔했다. 아직도 정태우의 미니
홈피에는 그때 찍었던 사진이 올라와
있다. '노력하는 자가 반드시 해낸
다, 난 할 수 있다.' 라는 그의 좌우명
처럼 그는 지칠 줄 모르고 성장해 왔
다. 많은 아역배우들은 성인이 되어
갈수록 시청자들의 기억에서 잊혀지
고, 사라진다. 그러나 정태우는 성인
이 되어서도 꾸준한 사랑을 받고 있
다. 아니 오히려 나이가 들어갈수록
빛나는 배우가 아닌가.

정태우는 '태조 왕건'이 가장 기억
에 남는다고 말한다. '태조 왕건'에
서 책사 최응 역할을 맡았던 정태우
는 혼신의 연기를 보여주었다. '태조
왕건'에서 보여준 정태우의 연기는
'아역배우' 라는 꼬리표를 떼어버리
기에 충분했다.

드라마면 드라마, 영화면 영화, 그
리고 이제는 화보집까지 준비 중인
정태우도 힘들었던 점이 공부와 연기
를 병행하는 것이었다고 말한다. 다
른 아이들은 친구들과 어울릴 때, 아
역배우들은 촬영과 학업이라는 두 마
리의 토끼를 잡기 위해서 항상 바쁜
나날을 보내야만 한다. 그리고 또 많
은 아역배우들이 이러한 어려움을 이
겨내지 못하고 중도에서 꿈을 포기하
기도 한다.

두 마리의 토끼를 다 잡은 오늘의
정태우는 '불만보다는 감사하는 마
음으로, 주어진 일에 최선을 다 해야
만 훌륭한 연기자로 성장할 수 있다'
고 말한다.

다시 태어나도 배우가 될 거라고
말하는 정태우는 자신의 연기는 선천
적으로 타고난 것과 후천적으로 길러
진 것이 반반이라고 한다. 다른 사람
들보다 일찍 타고난 끼와 재능을 발
견하고, 힘들고 어려운 훈련을 통해
다져진 연기력이 오늘날의 정태우를
있게 했다고 해도 과언이 아니다.

무엇보다도 어머니의 헌신적인 사

랑이 정태우를 하루하루 더욱 빛나게
만든 것이 아닐까 생각해 보았다.
　"학생이라는 신분을 잊지 말고 공
부도 열심히 하세요. 인내심을 갖고,
주어진 일에 최선을 다하면 좋은 결
과가 있을 거예요."

정태우는 마지막으로 쉬울 것 같으
면서도 하기 어려운 충고를 해 주었
다. 그러나 누구보다 어려운 길을 성
실히 걸어왔던 그의 마지막 말은 의
미하는 바가 많은 것 같다.

귀엽고 깜찍한 아이가 내면까지
아름다운 아가씨로, 김민정

" 다시 태어나도 배우가 되고 싶다. "

1990년 MBC 베스트극장 '미망인'을 통해서 데뷔한 그녀는 1992년 KBS 연기대상 아역상, 1998년 KBS 연기대상 청소년상, 2002년 SBS 연기대상 뉴스타상, 2004년 MBC 연기대상 신인상, 2005년 SBS 연기대상 10대 스타상을 받은 굵직한 연기 경력을 가진 배우다.

아역시절 모 자동차 CF에서 노란 비옷을 입은 깜찍하고 귀여운 아이가 어느새 자라 '패션 70s'에서 슬픔과 독기를 간직한 강한 연기를 보여주었고, 영화 '음란서생'에서는 요염한 여인으로 변신했다.

"'음란서생'을 보는 내내 큰 눈망울이 쏟아져 내릴 것 같았다. 한복이 제일 잘 어울리는 여배우가 아닐까 싶다."고 말하자 그녀는 수줍게 웃는다. 그녀에게 아역배우라는 꼬리표는 더 이상 필요 없을 듯하다.

"전 아역배우였던 것에 감사해요."라고 말하면서 그녀는 환하게 웃는다. 김민정은 아역 출신이라는 것에 오히려 감사한다고 한다. 그녀의 삶을 더욱 빛나게 해준 연기 기간이었기 때문이다. 또 성인 연기자로서 성공할 수 있었던 것도 아역 때부터 쌓은 연기력 덕이라고 생각한다. 그녀는 다시 태어나도 배우가 되고 싶다고 말한다.

"아역 활동을 한 것을 후회하지 않아요."라고 그녀는 당당하게 말한다. 물론 그녀도 평범한 친구들을 보면서 부러워한 적이 한두 번이 아니었다고 한다. 그녀는 중 · 고등학교 시절 수학여행 한 번, 소풍 한 번 제대로 간 적이 없었다. 또 대학생활의 여유니 낭만이니 하는 것은 먼 나라의 이야기였다. 촬영 때문에 학교를 휴학하고 있는 그녀는 학교에 복학해서 공부하고 싶다고 말한다. 그러나 그녀는 현재의 삶에 감사한다.

그녀는 다른 아역 출신 배우들이 겪어야 하는 성장통의 기간을 무사히 마칠 수 있었던 비결은 바로 자신을 사랑하고, 자신이 처해진 환경에 감사했기 때문이었다. 그녀는 또래 친구들보다 '자존감' 이 높다. 그녀는 스스로를 사랑할 줄 알았고, 배우로서의 김민정을 사랑했다. "가끔 어린 시절의 '김민정' 이 너무 대견스러워요. '넌 참 잘했어.' 라고 말하면서 스스로에게 칭찬을 해 줘요." 그도 그럴 것이 김민정은 학업과 병행해야 하는 촬영 현장에서 한 번도 불평을 해 본 적이 없다. 오히려 자신에게 주어진 일에 대해서 감사해하는 어른스러운 모습까지 보여주었다. 또 어린 아이답지 않은 프로정신을 가지고 있었다. 연기에 들어가기 전에 촬영장 구석에서 감정연습을 하기도 했고, 연기가 마음에 들지 않으면 다시 하게 해 달라고 감독님께 조르기도 했다. 그녀의 이야기를 들으면서 어느덧 그녀의 노력과 매력에 푹 빠져 들어가고 있었다.

그녀는 바쁜 일정 가운데서도 국제기아대책기구의 홍보 대사로 활동 중이다. 그저 홍보용으로 얼굴만 비추는 것이 아니라, 청소년 배우시절부터 오랜 시절 함께 해 오면서 존경하는 사람 중에 기아대책기구의 간사님이 있

을 정도이다. 활동의 일환으로 결손
가정 아이들과 파티를 여는 김민정의
얼굴에서는 환한 미소가 사라질 줄 모
른다. "나누면서 사는 삶이 진정한 행
복인 것 같아요."라는 그녀의 해맑은
얼굴을 보면서 마음이 유난히 여리고
따뜻한 그녀에게 감탄했다.

마지막으로 후배 아역배우들에게
한마디 해 달라고 부탁했다. "자신에
게 주어진 상황에 감사하세요. 아역

배우로 카메라 앞에 서고 싶다고 해
서 누구나 설 수 있는 것도 아니잖아
요. 이미 선택 받은 삶을 살고 있는
거예요. 그리고 최선을 다해서 노력
하세요." 배우 김민정을 만나면서 느
낀 그녀 최대의 매력은 겸손이었다.
그리고 언제나 감사할 줄 알고, 마음
을 나눌 줄 아는 따뜻함이었다. 그녀
는 배우이면서, 또한 멋진 삶을 꾸려
나가고 있는 사람이기도 했다.

1. 아역배우도 수업 받을 권리가 있답니다

아역 연기자들이 성인 연기자만큼 비중 있는 역할을 맡고 있으며, 아역 연기자들의 입지는 점점 더 넓어질 것으로 보입니다. 그러나 우리나라의 경우 아직 아역배우들에 대한 보호망이 마련되어 있지 않은 것이 사실입니다.

미국의 경우 하루 4시간만 아이들이 촬영할 수 있도록 하는 법 조항이 정해져 있습니다. 영화 '해리포터'에 출연한 아역배우들은 하루 3시간에서 5시간 정도의 수업을 받아야 한다는 영국의 법 조항 때문에 수업도 빠짐없이 들었다고 합니다. 촬영을 해야 하는 2,000명의 아이들 때문에 영화사는 한쪽에 천막 학교를 세웠다는 기사를 읽은 적이 있습니다. 우리나라의 경우 촬영이 있으면 수업을 빠지는 것을 당연시 여기며, 학교나 정부에서는 아이들의 선택이기 때문에 어쩔 수 없다는 식의 반응을 보입니다. 많은 아역배우들의 어머니들이 가장 힘든 것이 아이들이 수업에 빠지는 것이라고 하소연을 하는데도 말입니다. 우리도 이제는 아이가 스트레스를 받거나, 촬영장에서 부당한 일을 당할 수 있기 때문에 전문 상담 선생님이 영화 촬영 현장에 함께 있는 다른 나라의 경우를 마냥 부러워하고만 있을 수는 없을 것 같습니다.

2. 아역배우는 키가 크지 않는다?

아역배우 출신 성인 연기자들의 키가 대부분 작은 것으로 알려져
있습니다. 전문의들은 성장기의 불규칙한 생활과 스트레스가 성장
저해 요인이라고 지적하고 있습니다. 특히 촬영으로 인한 불규칙한
수면이 가장 큰 문제라고 지적합니다. 키가 자라는 시간은 오후 10시
에서 오전 2, 3시까지 입니다. 그러나 아역배우들은 밤 촬영 때문에
충분히 잠을 자지 못하는 경우가 많습니다. 또 다른 원인으로는 성인
들의 문화에 너무 빨리 노출된 아이들의 성호르몬 분비가 빨라지기
때문이라는 지적도 있습니다. 성장기의 아이들에게 성호르몬의 분비
는 성장 호르몬의 분비를 감소시키기 때문입니다.

3. 아역배우는 성인 연기자로 성공하기 힘들다

* 가장 성공한 아역배우 출신 배우 - 시네티즌 자료

1위	2위	3위	4위	5위	6위	7위	8위	9위
57.2%	13.7%	9.1%	6.0%	5.3%	4.9%	2.1%	0.7%	0.4%
안성기	강수연	양동근	김민정	손창민	장서희	하희라	이재은	기타

아역배우는 성인 연기자로 성공하기 힘들다는 말을 흔히 합니다.
실제로 아역배우로 출발해 성인 연기자로 활동한 사례는 1~2%에 불
과하다는 것이 방송계의 정설이었습니다. 어렸을 때의 올망졸망하
고, 귀여운 외모로 사랑을 받던 아역배우들이 커가면서 얼굴이 변하

기 때문입니다. 아역배우들은 성인 연기자로 자리 잡기 위해서 이미지 변신을 시도하기도 합니다. 성공한 아역배우 출신 연기자들은 인터뷰에서 '성장통 앓이'를 고백하기도 합니다.

그러나 이제 아역배우는 성인 연기자로 성공하기 힘들다는 것은 옛말이 된 듯합니다. 어릴 때부터 연기력을 인정받은 많은 아역배우 출신 연기자들이 영화와 드라마에서 주목을 받는 요즘의 현실을 볼 때, 지금의 아역배우들의 미래는 더 밝을 것이라는 생각을 해 봅니다.

가림출판사 · 가림M&B · 가림Let's에서 나온 책들

문 학

바늘구멍
켄 폴리트 지음 / 홍영의 옮김 / 신국판 / 342쪽 / 5,300원

레베카의 열쇠
켄 폴리트 지음 / 손연숙 옮김 / 신국판 / 492쪽 / 6,800원

암병선
니시무라 쥬코 지음 / 홍영의 옮김 / 신국판 / 300쪽 / 4,800원

첫키스한 얘기 말해도 될까
김정미 외 7명 지음 / 신국판 / 228쪽 / 4,000원

사미인곡 上 · 中 · 下
김충호 지음 / 신국판 / 각 권 5,000원

이내의 끝자리
박수완 스님 지음 / 국판변형 / 132쪽 / 3,000원

너는 왜 나에게 다가서야 했는지
김충호 지음 / 국판변형 / 124쪽 / 3,000원

세계의 명언 편집부 엮음 / 신국판 / 322쪽 / 5,000원

여자가 알아야 할 101가지 지혜
제인 아서 엮음 / 지창국 옮김 / 4×6판 / 132쪽 / 5,000원

현명한 사람이 읽는 지혜로운 이야기
이정민 엮음 / 신국판 / 236쪽 / 6,500원

성공적인 표정이 당신을 바꾼다
마츠오 도오루 지음 / 홍영의 옮김 / 신국판 / 240쪽 / 7,500원

태양의 법
오오카와 류우호오 지음 / 민병수 옮김 / 신국판 / 246쪽 / 8,500원

영원의 법
오오카와 류우호오 지음 / 민병수 옮김 / 신국판 / 240쪽 / 8,000원

석가의 본심
오오카와 류우호오 지음 / 민병수 옮김 / 신국판 / 246쪽 / 10,000원

옛 사람들의 재치와 웃음
강형중 · 김경익 편저 / 신국판 / 316쪽 / 8,000원

지혜의 쉼터
쇼펜하우어 지음 / 김충호 엮음 / 4×6판 양장본 / 160쪽 / 4,300원

헤세가 너에게
헤르만 헤세 지음 / 홍영의 엮음 / 4×6판 양장본 / 144쪽 / 4,500원

사랑보다 소중한 삶의 의미
크리슈나무르티 지음 / 최유영 엮음 / 신국판 / 180쪽 / 4,000원

장자-어찌하여 알 속에 털이 있다 하는가
홍영의 엮음 / 4×6판 / 180쪽 / 4,000원

논어-배우고 때로 익히면 즐겁지 아니한가
신도희 엮음 / 4×6판 / 180쪽 / 4,000원

맹자-가까이 있는데 어찌 먼 데서 구하려 하는가
홍영의 엮음 / 4×6판 / 180쪽 / 4,000원

아름다운 세상을 만드는 사랑의 메시지 365
DuMont monte Verlag 엮음 / 정성호 옮김 /
4×6판 변형 양장본 / 240쪽 / 8,000원

황금의 법
오오카와 류우호오 지음 / 민병수 옮김 / 신국판 / 320쪽 / 12,000원

왜 여자는 바람을 피우는가?
기젤라 룬테 지음 / 김현성 · 진정미 옮김 / 국판 / 200쪽 / 7,000원

세상에서 가장 아름다운 선물
김인자 지음 / 국판변형 / 292쪽 / 9,000원

수능에 꼭 나오는 한국 단편 33
윤종필 엮음 / 신국판 / 704쪽 / 11,000원

수능에 꼭 나오는 한국 현대 단편 소설 윤종필 엮음 및 해설
신국판 / 364쪽 / 11,000원

수능에 꼭 나오는 세계단편(영미권) 지창영 옮김 / 윤종필 엮음 및 해설
신국판 / 328쪽 / 10,000원

수능에 꼭 나오는 세계단편(유럽권) 지창영 옮김 / 윤종필 엮음 및 해설
신국판 / 360쪽 / 11,000원

건 강

아름다운 피부미용법 이순희(한독피부미용학원 원장) 지음
피부조직에 대한 기초 이론과 우리 몸의 생리를 알려줌으로써 아름다운 피부, 젊은 피부를 오래 유지할 수 있는 비결 제시!
신국판 / 296쪽 / 6,000원

버섯건강요법 김병각 외 6명 지음
종양 억제율 100%에 가까운 96.7%를 나타내는 기적의 약용버섯 등 신비의 버섯을 통하여 암을 치료하고 비만, 당뇨, 고혈압, 동맥경화 등 각종 성인병 예방을 위한 생활 건강 지침서!
신국판 / 286쪽 / 8,000원

성인병과 암을 정복하는 유기게르마늄
이상현 편저 / 캬오 샤오이 감수
최근 들어 각광을 받고 있는 새로운 치료제인 유기게르마늄을 통한 성인병, 각종 암의 치료에 대해 상세히 소개. 신국판 / 312쪽 / 9,000원

난치성 피부병 생약효소연구원 지음
현대의학으로도 치유불가능했던 난치성 피부병인 건선 · 아토피(태열)의 완치요법이 수록된 건강 지침서. 신국판 / 232쪽 / 7,500원

新 방약합편 정도명 편역
자신의 병을 알고 증세에 맞춰 스스로 처방을 할 수 있고 조제할 수 있는 보약 506가지 수록. 신국판 / 416쪽 / 15,000원

자연치료의학 오홍근(신경정신과 의학박사 · 자연의학박사) 지음
대한민국 최초의 자연의학박사가 밝힌 신비의 자연치료의학으로 자연산물을 이용하여 부작용 없이 치료하는 건강 생활 비법 공개!!
신국판 / 472쪽 / 15,000원

약초의 활용과 가정한방 이인성 지음
주변의 흔한 식물과 약초를 활용하여 각종 질병을 간편하게 예방 · 치료할 수 있는 비법제시. 신국판 / 384쪽 / 8,500원

역전의학 이시하라 유미 지음 / 유태종 감수
일반상식으로 알고 있는 건강상식에 대해 전혀 새로운 관점에서 비판하고 아울러 새로운 방법들을 제시한 건강 혁명 서적!!
신국판 / 286쪽 / 8,500원

이순희식 순수피부미용법 이순희(한독피부미용학원 원장) 지음
자신의 피부에 맞는 관리법으로 스스로 피부관리를 할 수 있는 방법을 제시하고 책 속 부록으로 천연팩 재료 사전과 피부 타입별 팩 고르기. 신국판 / 304쪽 / 7,000원

21세기 당뇨병 예방과 치료법 이현철(연세대 의대 내과 교수) 지음
세계 최초 유전자 치료법을 개발한 저자가 당뇨병과 대항하여 가장 확실하게 이길 수 있는 당뇨병에 대한 올바른 이론과 발병시 대처방법을 상세히 수록! 신국판 / 360쪽 / 9,500원

신재용의 민의학 동의보감 신재용(해성한의원 원장) 지음
주변의 흔한 먹거리를 이용해 신비의 명약이나 보약으로 활용할 수 있는 건강 지침서로서 저자가 TV나 라디오에서 다 밝히지 못한 한방 및 민간요법까지 상세히 수록!! 신국판 / 476쪽 / 10,000원

치매 알면 치매 이긴다 배오성(백상한방병원 원장) 지음
B.O.S.요법으로 뇌세포의 기능을 활성화시키고 엔돌핀의 분비효과를 극대화시켜 증상에 맞는 한약 처방을 병행하여 치매를 치유하는 획기적인 치유법 제시. 신국판 / 312쪽 / 10,000원

21세기 건강혁명 밥상 위의 보약 생식 최경순 지음
항암식품으로, 다이어트식으로, 젊고 탄력적인 피부를 유지할 수 있
게 해주는 자연식으로의 생식을 소개하여 현대인들의 건강 길라잡이
가 되도록 하였다. 신국판 / 348쪽 / 9,800원

기치유와 기공수련 윤한홍(기치유 연구회 회장) 지음
누구나 노력만 하면 개발할 수 있고 활용할 수 있는 기수련 방법과
기치유 개발 방법 소개. 신국판 / 340쪽 / 12,000원

만병의 근원 스트레스 원인과 퇴치 김지혁(김지혁한의원 원장) 지음
만병의 근원인 스트레스를 속속들이 파헤치고 예방법까지 속시원하
게 제시!! 신국판 / 324쪽 / 9,500원

김종성 박사의 뇌졸중 119 김종성 지음
우리나라 사망원인 1위. 뇌졸중 분야의 최고 권위자인 저자가 일상
생활에서의 건강관리부터 환자간호에 이르기까지 뇌졸중의 예방, 치
료법 등 모든 것 수록. 신국판 / 356쪽 / 12,000원

탈모 예방과 모발 클리닉 장정훈 · 전재홍 지음
미용적인 측면과 우리가 일상적으로 고민하고 궁금해 하는 털에 관
한 내용들을 다양하고 재미있게 예들을 들어가면서 흥미롭게 풀어간
것이 이 책의 특징. 신국판 / 252쪽 / 8,000원

구태규의 100% 성공 다이어트 구태규 지음
하이틴 영화배우의 다이어트 체험서. 저자만의 다이어트법을 제시하
면서 바람직한 다이어트에 대해서도 알려준다. 건강하게 날씬해지고
싶은 사람들을 위한 필독서! 4×6배판 변형 / 240쪽 / 9,900원

암 예방과 치료법 이춘기 지음
암환자와 가족들을 위해서 암의 치료방법에서부터 합병증의 예방 및
암이 생기기 전에 알 수 있는 방법에 이르기까지 상세하게 해설해 놓
은 책. 신국판 / 296쪽 / 11,000원

알기 쉬운 위장병 예방과 치료법 민영일 지음
소화기관인 위와 관련 기관들의 여러 질환을 발병 원인, 증상, 치료법
을 중심으로 알기 쉽게 해설해 놓은 건강서. 신국판 / 328쪽 / 9,900원

이온 체내혁명 노보루 야마노이 지음 / 김병관 옮김
새로운 건강관리 이론으로 주목을 받고 있는 음이온을 통해 건강을
돌볼 수 있는 방법 제시. 신국판 / 272쪽 / 9,500원

어혈과 사혈요법 정지천 지음
침과 부항요법 등을 사용하여 모든 질병을 다스릴 수 방법과 우리
주변에서 흔하게 접할 수 있는 각 질병의 상황별 처치를 혈자리 그
림과 함께 해설. 신국판 / 308쪽 / 12,000원

약손 경락마사지로 건강미인 만들기 고정환 지음
경락과 민족 고유의 정신 약손을 결합시킨 약손 성형경락 마사지로
수술하지 않고도 자신이 원하는 부위를 고치는 방법을 제시하는 건
강 미용서. 4×6배판 변형 / 284쪽 / 15,000원

정유정의 LOVE DIET 정유정 지음
널리 알려진 온갖 다이어트 방법으로 살을 빼려고 노력했던 저자의
고통스러웠던 다이어트 체험담이 실려 있어 지금 살 때문에 고민하
는 사람들이 가슴에 와 닿는 나만의 다이어트 계획을 나름대로 세울
수 있을 것이다. 4×6배판 변형 / 196쪽 / 10,500원

머리에서 발끝까지 예뻐지는 부분다이어트 신상만 · 김선민 지음
한약을 먹거나 침을 맞아 살을 빼는 방법, 아로마요법을 이용한 다이
어트법, 운동을 이용한 부분비만 해소법 등이 실려 있으므로 나에게
맞는 방법을 선택해 날씬하고 예쁜 몸매를 만들 수 있을 것이다.
4×6배판 변형 / 196쪽 / 11,000원

알기 쉬운 심장병 119 박승정 지음
심장병에 관해 심장질환이 생기는 원인, 증상, 치료법을 중심으로 내
용을 상세하게 해설해 놓은 건강서. 신국판 / 248쪽 / 9,000원

알기 쉬운 고혈압 119 이정균 지음
생활 속의 고혈압에 관해 일반인들이 관심을 가지고 예방할 수 있도
록 고혈압의 원인, 증상, 합병증 등을 상세하게 해설해 놓은 건강서.
신국판 / 304쪽 / 10,000원

여성을 위한 부인과질환의 예방과 치료 차선희 지음
남들에게는 말할 수 없는 증상들로 고민하고 있는 여성들을 위해 부
인암, 골다공증, 빈혈 등 부인과질환을 원인 및 치료방법을 중심으로
설명한 여성건강 정보서. 신국판 / 304쪽 / 10,000원

알기 쉬운 아토피 119 이승규 · 임상엽 · 김문호 · 안유일 지음
감기처럼 흔하지만 암만큼 무서운 아토피 피부염의 원인에서부터 증
상, 치료방법, 임상사례, 민간요법을 적용한 환자들의 경험담 등 수록.

신국판 / 232쪽 / 9,500원

120세에 도전한다 이권행 지음
아프지 않고 건강하게 오래 살기를 바라는 현대인들에게 우리 체질
에 맞는 식생활습관, 심신 활동, 생활습관, 체질별 · 나이별 양생법을
소개. 장수하고픈 독자들의 궁금증을 풀어줄 것이다.
신국판 / 308쪽 / 11,000원

건강과 아름다움을 만드는 요가 정판식 지음
책을 보고서 집에서 혼자서도 할 수 있는 요가법 수록. 각종 질병에
따른 요가 수정체조법도 담았으며, 별책 부록으로 한눈에 보는 요가
차트 수록. 4×6배판 변형 / 224쪽 / 14,000원

우리 아이 건강하고 아름다운 롱다리 만들기 김성훈 지음
키 작은 우리 아이를 롱다리로 만드는 비법공개. 식사습관과 생활습
관만의 변화로도 키를 크게 할 수 있으므로 키 작은 자녀를 둔 부모
의 고민을 해결해 준다. 대국전판 / 236쪽 / 10,500원

알기 쉬운 허리디스크 예방과 치료 이종서 지음
전문가들의 의견, 허리병의 치료에서 가장 중요한 운동치료, 허리디
스크와 요통에 관해 언론에서 잘못 소개한 기사나 과장 보도한 기사,
대상이 광범위함으로써 생기고 있는 사이비 의술 및 상업적인 의술
을 시행하는 상업적인 병원 등을 소개함으로써 허리병을 앓고 있는
사람들에게 정확하고 올바른 지식을 전달하고자 하는 길라잡이서.
대국전판 / 336쪽 / 12,000원

소아과 전문의에게 듣는 알기 쉬운 소아과 119
신영규 · 이강우 · 최성항 지음
새내기 엄마, 아빠를 위해 올바른 육아법을 제시하고 각종 질병에 대한
치료법 및 예방법, 응급처치법을 소개. 4×6배판 변형 / 280쪽 / 14,000원

피가 맑아야 건강하게 오래 살 수 있다 김영찬 지음
현대인이 앓고 있는 고혈압, 당뇨병, 심장병 등은 피가 끈적거리고
혈관이 너덜거려서 생기는 질병이다. 이러한 성인병을 치료하려면
식이요법, 생활습관 개선 등을 통해 피를 맑게 해야 한다. 이 책에서
는 피를 맑게 하기 위해 필요한 처방, 생활습관 개선법을 한의학적
관점에서 상세하게 설명하고 있다. 신국판 / 256쪽 / 10,000원

웰빙형 피부 미인을 만드는 나만의 셀프 피부건강 양해원 지음
모든 사람들이 관심 있어 하는 피부 관리를 집에서 할 수 있게 해주
는 실용서. 집에서 간단하게 만들 수 있는 화장수, 팩 등을 소개하여
손 안의 미용서 역할을 하고 있다. 대국전판 / 144쪽 / 10,000원

내 몸을 살리는 생활 속의 웰빙 항암 식품 이승남 지음
'암=사형 선고'라는 고정관념을 깨자는 전제 아래 우리 밥상에서 흔
히 볼 수 있는 먹거리로 암을 예방하며 치료하는 방법 소개. 암환자와
그 가족들에게 희망을 안겨 줄 것이다. 대국전판 / 248쪽 / 9,800원

마음한글, 느낌한글 박완식 지음
훈민정음의 창제원리를 이용한 한글명상, 한글요가, 한글체조로 지
금까지의 요가나 명상과는 차원이 다른 더욱 더 효과적인 수련으로
이제 당신 앞에 새로운 세계가 펼쳐진다. 4×6배판 / 300쪽 / 15,000원

웰빙 동의보감식 발마사지 10분 최미희 지음 / 신재용 감수
발이 병나면 몸에도 병이 생긴다. 우리 몸 중에서 가장 천대받으면서
도 가장 많은 일을 하는 발을 새롭게 인식하는 추세에 맞추어 발을 가
꾸어 건강을 지키는 방법 제시. 각 질병별 발마사지 방법, 부위를 구
체적으로 설명하고 있다. 텔레비전을 보면서 하는 15분의 발마사지가
피로를 풀어주고 건강을 지켜줄 것이다. 4×6배판 변형 / 204쪽 / 13,000원

아름다운 몸, 건강한 몸을 위한 목욕 건강 30분 임하성 지음
우리가 흔히 대수롭지 않게 여기고 하는 습관 중에 하나가 목욕일 것
이다. 그러나 이제 목욕도 건강과 관련시켜 올바른 방법으로 해야 한
다. 웰빙 시대, 웰빙 라이프에 맞는 올바른 목욕법을 피부 관리 및 우
리들의 생활 패턴에 맞추어 제시해 본다. 대국전판 / 176쪽 / 9,500원

내가 만드는 한방생주스 60 김영섭 지음
일반적인 과일 · 야채 주스에 21가지 한약재로 기본 음료를 만들어
맛과 영양을 고루 갖춘 최초의 웰빙 한방 건강음료 만드는 법 60가
지 수록!! 각 음료마다 만드는 법과 효능을 실어 우리 가족 건강을
지키는 건강지침서의 역할을 한다. 국판 / 112쪽 / 7,000원

몸을 살리는 건강식품 백은희 · 조창호 · 최양진 지음
스트레스에 시달리는 현대인들에게 자연 영양소를 공급해 주는 건강
기능식품에 관한 상세한 정보를 담고 있다. 나에게 필요한 영양소는
어떤 것이 있으며, 어떻게 섭취했을 때 가장 큰 효과를 얻을 수 있는
지 등을 조목조목 설명해 놓은 것이 눈에 띈다.
신국판 / 384쪽 / 11,000원

건강도 키우고 성적도 올리는 자녀 건강　김진돈 지음
자녀를 둔 부모라면 가장 먼저 생각하는 것이 자녀의 건강일 것이다.
특히 수험생을 둔 부모라면 그 관심은 말로 단정지을 수 없다. 수험
생 자신이나 부모가 알아야 할 평소 건강 관리법, 제일 이겨내기 힘
든 계절인 여름철 건강 관리법, 조심해야 할 질병들에 대한 예방법,
치료법을 상세하게 소개하고 있다.　신국판 / 304쪽 / 12,000원

알기 쉬운 간질환 119　이관식 지음
간염이 있는 사람이 술잔을 돌릴 경우 간염이 전염될까? 우리는 간이
소중한 존재임을 알면서도 혹사시키는 일이 많다. 간염 전염 및 간경
화, 간암 등에 대한 잘못된 지식을 제대로 잡아주고 간과 관련된 병을
예방하는 법, 병에 걸렸을 때 치료하고 관리하는 법 등을 상세히 수록
하여 간을 건강하게 지킬 수 있도록 해준다.　신국판 / 264쪽 / 11,000원

밥으로 병을 고친다　허봉수 지음
우리가 하루 세 끼 식사에서 대하는 밥상이 우리의 건강을 지켜주는
최고의 건강지킴이다. 이 간단명료한 진리를 알면서도 우리는 다른
방법으로 건강을 지키려고 한다. 건강을 지키는 일은 어렵고 특별한
일이 아니라 보통의 밥상에서 지킬 수 있는 일임을 강조하고 거기에
맞는 실제 사례를 제시하여 비슷한 사례에서 응용할 수 있게 내용을
구성하고 있다.　대국전판 / 352쪽 / 13,500원

알기 쉬운 신장병 119　김형규 지음
신장병은 특별한 증상이 없어 조기진단이 힘들다고 한다. 그러나 진단
과 치료의 혜택으로 완치를 할 수 있는 병이라고도 한다. 일상생활 속
에서 신장병을 파악할 수 있는 자가진단법, 신장병을 검사하고 치료하
는 방법, 신장병과 관련 있는 질병들을 일반인들이 이해하기 수준에서
설명하고 있다. 또한 신장병과 관련 있는 생활 속의 정보를 부록으로
수록하여 내용의 깊이를 더해 주고 있다.　신국판 / 240쪽 / 10,000원

마음의 감기 치료법 우울증 119　이민수 지음
우울증에는 예외의 대상이 없다. 현대인이라면 누구나 우울증에 걸
릴 수 있다는 전제 아래 일반인들이 쉽게 이해할 수 있는 우울증을
담고 있다. 남에게, 가족에게 숨겨야 하는 몹쓸 병이 아니라 바르고
정확하게 알아야 건강한 삶을 누릴 수 있는 병임을 알리면서 우울증
을 치료하는 법, 환자 본인과 가족 및 주위에서 가져야 할 자세 등을
알려준다.　대국전판 / 232쪽 / 9,800원

관절염 119　송영욱 지음
"비가 오려나? 왜 이리 무릎이 쑤시나." 이렇게 표현되는 관절염에는
일반인들이 잘 알지 못하는 다른 종류의 관절염도 있다. 이러한 관절
염을 일반인들의 입장에서 쉽게 이해하고 예방하고 치료할 수 있는 방
법을 소개하고 있다. 생활 속에서의 습관을 고치고 운동을 통해서 허
리나 다리가 아픈 통증에서 벗어날 수 있다.　대국전판 / 224쪽 / 9,800원

내 딸을 위한 미성년 클리닉　강병문 · 이향아 · 최정원 지음
서울 아산병원 미성년 클리닉팀의 새로운 제안!! 청소년기의 건강상
태는 평생을 좌우한다. 이 시기를 어떻게 보내느냐에 따라 60년 인
생이 완전히 달라질 수 있다. 특히 여자라면 꼭 알아야 할 건강 이야
기로 자라나는 우리 딸들이 자신의 몸을 소중히 하는 데 도움이 될
것이다.　국판 / 148쪽 / 8,000원

암을 다스리는 기적의 치유법
케이 세이헤이 감수 · 카와키 나리카즈 지음 / 민병수 옮김
저분자 수용성 키토산의 파워!! 항암제나 방사선 치료의 부작용을
경감시키고 그 효과를 오래 지속시켜주는 효과를 비롯한 키토산의 6
대 항암 효과를 통하여 암에 탁월한 효과가 있는 수용성 키토산의 전
신 면역 요법에 대하여 알 수 있을 것이다. 더불어 자연치유력에 대
한 강한 믿음을 갖게 된다.　신국판 / 256쪽 / 9,000원

스트레스 다스리기
대한불안장애학회 스트레스관리연구특별위원회 지음
스트레스 분야의 21명의 전문가가 쓴 스트레스 해소법. 암보다 무서
운 병, 스트레스를 줄이면 10년은 젊게 살 수 있다.
신국판 / 304쪽 / 12,000원

천연 식초건강법
건강식품연구회 엮음 / 신재용(해성한의원 원장) 감수
가장 쉽게 구할 수 있고 경제적인 식품이면서 상상할 수 없을 정도로
뛰어난 약효를 지닌 식초의 모든 것을 담은 건강지침서!
신국판 / 252쪽 / 9,000원

암에 대한 모든 것　서울아산병원 암센터 지음
이 책은 우리나라에서 특히 발병률이 높은 7가지 암에 대해 철저히 분
석한 책이다. 해당 암의 원인부터 발병률, 원인 및 진단법, 치료법, 예
방법 및 관리법, 해당 암에 대해 잘못 알려진 상식 등 암에 대한 보다

실질적이고 구체적인 정보를 담았다. 암에 대한 정보를 필요로 이들
이 보다 효율적으로 이용할 수 있는 책이다.　신국판 / 360쪽 / 13,000원

알록달록 컬러 다이어트　이승남 지음
이 시대의 트렌드인 웰빙 열풍 가운데 컬러 푸드가 커다란 아이템으
로 자리 잡고 있다. 이 책에서는 다이어트 시에 생기는 스트레스와,
스트레스로 인한 활성산소, 다이어트로 인한 영양불균형 등을 컬러
푸드를 이용하여 우리 몸을 젊고 건강하고 아름답게 가꾸는 방법을
상세히 제시하여 주고 있다. 또한 비만이 아닌 체형교정을 원하는 분
들에게는 올바른 운동법과 마사지요법을 통하여 문제를 해결할 수
있도록 길을 열어준다.　국판 / 248쪽 / 10,000원

교　육

우리 교육의 창조적 백색혁명
원상기 지음 / 신국판 / 206쪽 / 6,000원

현대생활과 체육
조창남 외 5명 공저 / 신국판 / 340쪽 / 10,000원

퍼펙트 MBA
IAE유학네트 지음 / 신국판 / 400쪽 / 12,000원

유학길라잡이 Ⅰ - 미국편
IAE유학네트 지음 / 4×6배판 / 372쪽 / 13,900원

유학길라잡이 Ⅱ - 4개국편
IAE유학네트 지음 / 4×6배판 / 348쪽 / 13,900원

조기유학길라잡이.com
IAE유학네트 지음 / 4×6배판 / 428쪽 / 15,000원

현대인의 건강생활
박상호 외 5명 공저 / 4×6배판 / 268쪽 / 15,000원

천재아이로 키우는 두뇌훈련
나카마츠 요시로 지음 / 민병수 옮김 / 국판 / 288쪽 / 9,500원

두뇌혁명　나카마츠 요시로 지음 / 민병수 옮김
4×6판 양장본 / 288쪽 / 12,000원

테마별 고사성어로 익히는 한자
김경익 지음 / 4×6배판 변형 / 248쪽 / 9,800원

生생 공부비법
이은승 지음 / 대국전판 / 272쪽 / 9,500원

자녀를 성공시키는 습관만들기
배은경 지음 / 대국전판 / 232쪽 / 9,500원

한자능력검정시험 1급　한자능력검정시험연구위원회 편저
4×6배판 / 568쪽 / 21,000원

한자능력검정시험 2급　한자능력검정시험연구위원회 편저
4×6배판 / 472쪽 / 18,000원

한자능력검정시험 3급(3급Ⅱ)　한자능력검정시험연구위원회 편저
4×6배판 / 440쪽 / 17,000원

한자능력검정시험 4급(4급Ⅱ)　한자능력검정시험연구위원회 편저
4×6배판 / 352쪽 / 15,000원

한자능력검정시험 5급　한자능력검정시험연구위원회 편저
4×6배판 / 264쪽 / 11,000원

한자능력검정시험 6급　한자능력검정시험연구위원회 편저
4×6배판 / 168쪽 / 8,500원

한자능력검정시험 7급　한자능력검정시험연구위원회 편저
4×6배판 / 152쪽 / 7,000원

한자능력검정시험 8급　한자능력검정시험연구위원회 편저
4×6배판 / 112쪽 / 6,000원

볼링의 이론과 실기　이택상 지음　신국판 / 192쪽 / 9,000원

고사성어로 끝내는 천자문　조준상 글/그림 / 4×6배판 / 216쪽 / 12,000원

논술 종합 비타민　김종원 지음
오랜 논술 강의와 교재 연구의 경험을 바탕으로 기존의 방식과는 차
별화된 논술문 쓰기의 새로운 시각과 대안을 열어주는 책이다. 논술
시험에서 높은 점수를 받고자 하는 수험생들과 또 글을 잘 쓰고자 하
는 독자들에게 글쓰기의 좋은 길잡이가 되어줄 것이다.

신국판 / 200쪽 / 9,000원

내 아이 스타 만들기 김민성 지음
이 책은 평범한 가정에서 태어난 초등학생 예랑이가 자신의 재능을
발견해가는 과정과 그것을 지켜보는 부모님을 통하여 현대의 많은
부모님들이 자신의 자녀들에게 어떤 교육방식과 마음가짐으로 아이
의 뒷바라지를 해줘야 할지 그 방향을 제시해주고 있다.
신국판 / 200쪽 / 9,000원

취미 · 실용

김진국과 같이 배우는 와인의 세계 김진국 지음
국배판 변형양장본(올 컬러판) / 208쪽 / 30,000원

경제 · 경영

CEO가 될 수 있는 성공법칙 101가지
김승룡 편역 / 신국판 / 320쪽 / 9,500원

정보소프트 김승룡 지음 / 신국판 / 324쪽 / 6,000원

기획대사전 다카하시 겐코 지음 / 홍영의 옮김
기획에 관련된 모든 사항을 실례와 도표를 통하여 초보자에서 프로
기획맨에 이르기까지 효율적으로 활용할 수 있도록 체계적으로 총망
라하였다. 신국판 / 552쪽 / 19,500원

맨손창업 · 맞춤창업 BEST 74 양혜숙 지음
창업대행 현장 전문가가 추천하는 유망업종을 7가지 주제별로 나누
어 수록한 맞춤창업서로 창업예비자들에게 창업의 길을 밝혀줄 발로
뛰면서 만든 실무 지침서!! 신국판 / 416쪽 / 12,000원

무자본, 무점포 창업! FAX 한 대면 성공한다
다카시로 고시 지음 / 홍영의 옮김 / 신국판 / 226쪽 / 7,500원

성공하는 기업의 인간경영 중소기업 노무 연구회 편저 / 홍영의 옮김
무한경쟁시대에서 각 기업들의 다양한 경영 실태 속에서 인사 · 노무
관리 개선에 있어서 기업의 효율을 높이고 발전을 이룰 수 있는 원칙
을 제시. 신국판 / 368쪽 / 11,000원

21세기 IT가 세계를 지배한다 김광희 지음
21세기 화두로 떠오른 IT혁명의 경쟁력에 대해서 전문가의 논리적이
고 철저한 해설과 더불어 매장 끝까지 실제 사례를 곁들여 설명.
신국판 / 380쪽 / 12,000원

경제기사로 부자아빠 만들기 김기태 · 신현태 · 박근수 공저
날마다 배달되는 경제기사를 꼼꼼히 챙겨보는 사람만이 현대생활에
서 부자가 될 수 있다. 언론인의 현장감각과 학자의 전문성을 접목시
킨 것이 이 책의 특성! 누구나 이 책을 읽고 경제원리를 체득, 경제예
측을 할 수 있게 준비된 생활경제서적. 신국판 / 388쪽 / 12,000원

포스트 PC의 주역 정보가전과 무선인터넷 김광희 지음
포스트 PC의 주역으로 급부상하고 있는 정보가전과 무선인터넷 그
리고 이를 구현하기 위한 관련 테크놀러지를 체계적으로 소개.
신국판 / 356쪽 / 12,000원

성공하는 사람들의 마케팅 바이블 채수명 지음
최근의 이론을 보완하여 내놓은 마케팅 관련 실무서. 마케팅의 정보
전략, 핵심요소, 컨설팅실무까지 저자의 노하우와 창의적인 이론이
결합된 마케팅서. 신국판 / 328쪽 / 12,000원

느린 비즈니스로 돌아가라 사카모토 게이이치 지음 / 정성호 옮김
미국식 스피드 경영에 익숙해져 현실의 오류를 간과하고 있는 사람
들을 위한 어떻게 팔 것인가보다 무엇을 팔 것인가를 설명하는 마케
팅 컨설턴트의 대안 제시서! 신국판 / 276쪽 / 9,000원

적은 돈으로 큰돈 벌 수 있는 부동산 재테크 이원재 지음
700만 원으로 부동산 재테크에 뛰어들어 100배 불린 저자가 부동산
재테크를 계획하고 있는 사람들이 반드시 알아두어야 할 내용을 경
험담을 담아 해설해 놓은 경제서. 신국판 / 340쪽 / 12,000원

바이오혁명 이주영 지음
21세기 국가간 경쟁부문으로 새로이 떠오르고 있는 바이오혁명에
관한 기초지식을 언론사에 몸담고 있는 현직 기자가 아주 쉽게 해설
해 놓은 바이오 가이드서. 바이오 관련 용어 해설 수록.
신국판 / 328쪽 / 12,000원

성공하는 사람들의 자기혁신 경영기술 채수명 지음
자기 계발을 통한 신지식 자기경영마인드를 갖추어야 한다는 전제
아래 그 방법을 자세하게 알려주는 자기계발 지침서.
신국판 / 344쪽 / 12,000원

CFO 교텐 토요오 · 타하라 오키시 지음 / 민병수 옮김
일반인들에게 생소한 용어인 CFO, 즉 최고 재무책임자의 역할이 지
금까지와는 완전히 달라져야 한다. 기업을 이끌어가는 새로운 키잡
이로서의 CFO의 역할, 위상 등을 일본의 기업을 중심으로 하여 알아
보고 바람직한 방향을 제시한다. 신국판 / 312쪽 / 12,000원

네트워크시대 네트워크마케팅 임동학 지음
학력, 사회적 지위 등에 관계 없이 자신이 노력한 만큼 돈을 벌 수 있는
네트워크마케팅에 관해 알려주는 안내서. 신국판 / 376쪽 / 12,000원

성공리더의 7가지 조건
다이앤 트레이시 · 윌리엄 모건 지음 / 지창영 옮김
개인과 팀, 조직관계의 개선을 위한 방향제시 및 실천을 위한 안내자 역
할을 해주는 책. 현장에서 활용할 수 있는 실용서. 신국판 / 360쪽 / 13,000원

김종결의 성공창업 김종결 지음
'누구나 창업을 할 수는 있지만 아무나 돈을 버는 것은 아니다' 라는
전제 아래 중견 연기자로서, 음식점 사장님으로 성공한 텔런트 김종
결의 성공비결을 통해 창업전략과 성공전략을 제시한다.
신국판 / 340쪽 / 12,000원

최적의 타이밍에 내 집 마련하는 기술 이원재 지음
부동산을 통한 재테크의 첫걸음 '내 집 마련'의 결정판. 체계적이고
한눈에 쏙 들어 오는 '내 집 장만 과정'을 쉽게 풀어놓은 부동산재테
크서. 신국판 / 248쪽 / 10,500원

컨설팅 세일즈 *Consulting sales* 임동학 지음
발로 뛰는 영업이 아니라 머리로 하는 영업이 절실히 요구되는 시대
상황에 맞추어 고객지향의 세일즈, 과제해결 세일즈, 구매자와 공급
자 간에 서로 만족하는 세일즈법 제시. 대국전판 / 336쪽 / 13,000원

연봉 10억 만들기 김농주 지음
연봉으로 말해지는 임금을 재테크 하여 부자가 될 수 있는 방법 제
시. 고액의 연봉을 받기 위해서 개인이 갖추어야 할 실무적 능력, 태
도, 마음가짐, 재테크 수단 등을 각 주제에 따라 구체적으로 제시함
으로써 부자를 꿈꾸는 사람들이 그 희망을 이룰 수 있게 해준다.
국판 / 216쪽 / 10,000원

주5일제 근무에 따른 한국형 주말창업 최효진 지음
우리나라 실정에 맞는 주말창업 아이템의 제시 및 창업시 필요한 정
보를 얻을 수 있는 곳. 주의해야 할 점, 실전 인터넷 쇼핑몰 창업, 표
준사업계획서 등을 수록하여 지금 당장이라도 내 사업을 할 수 있게
해주는 창업 길라잡이서. 신국판 변형 양장본 / 216쪽 / 10,000원

돈 되는 땅 돈 안되는 땅 김영준 지음
부동산 틈새시장에서 성공하는 투자 노하우를 신행정수도 예정지 및
고속철도 역세권 등 투자 유망지역을 중심으로 완벽하게 수록해 놓
은 부동산 재테크서. 신국판 / 320쪽 / 13,000원

돈 버는 회사로 만들 수 있는 109가지
다카하시 도시노리 지음 / 민병수 옮김
회사경영에서 경영자가 꼭 알아야 할 기본 사항 수록. 내용이 항목별
로 정리되어 있어 원하는 자료를 바로 찾아 볼 수 있는 것이 최대의
장점. 이 책을 통해서 불필요한 군살을 빼고 강한 근육질을 가진 돈
버는 회사를 만들어 보자. 신국판 / 344쪽 / 13,000원

머니투데이 송복규 기자의 부동산으로 주머니돈 100배 만들기 송복규 지음
재테크 수단으로 새롭게 각광 받고 있는 부동산을 이용한 재산 증식
방법 수록. 부동산 재료별 특성에 따른 맞춤 투자전략을 제시하고 알
아두면 편리한 부동산 상식도 알려준다. 현직 전문 기자의 예리한 분
석과 최신 정보가 담겨 있는 부동산재테크 가이드서.
신국판 / 328쪽 / 13,000원

성공하는 슈퍼마켓&편의점 창업 나명환 지음
슈퍼마켓이나 편의점을 창업하려고 하는 사람들을 위한 창업 가이드
서. 어느 위치에 얼마만한 크기로, 어떤 상품을 갖추고 어떤 마인드
로 창업하고 영업해야 대형할인점과의 경쟁에서 살아남을 수 있는지
등을 저자의 실제 경험과 통계, 전문가들의 의견을 바탕으로 상세하
게 소개. 4×6배판 변형 / 500쪽 / 28,000원

대한민국 성공 재테크 부동산 펀드와 리츠로 승부하라 김영준 지음
새로운 재테크 수단으로 세간의 관심을 모으고 있는 부동산 펀드와
리츠에 관한 투자 안내서. 리스크 없이 투자에 성공하기 위해서 알아

두어야 할 주의사항, 펀드 및 리츠 관련 상품 설명, 실제로 투자되고 있는 물건을 수록하여 책을 통해서 실전 투자감각을 익힐 수 있게 하였다.   신국판 / 256쪽 / 12,000원

마일리지 200% 활용하기   박성희 지음
우리 주변에는 마일리지와 관련 있는 다양한 카드가 있다. 신용카드로부터 시작하여 이동통신사의 멤버십 카드, 캐시백 카드, 각 업소의 스탬프 카드 등 다양한 종류의 카드가 각기 특성을 가지고 우리 생활 속에서 이용되고 있다. 잘 알고 활용하면 개인의 주머니 경제, 가계의 살림에 보탬이 되는 각종 마일리지에 관한 최신 정보를 한 권에 모아 놓았다. 이 책의 내용을 잘 활용하면 새는 돈을 알뜰살뜰 모으는 길이 보일 것이다.   국판 변형 / 200쪽 / 8,000원

1%의 가능성에 도전, 성공 신화를 이룬 여성 CEO   김미현 지음
탄탄하게 자리를 잡은 15군데 중소기업의 여성 CEO들이 회사를 운영하면서 겪은 어려움, 기쁨 등을 자서전 형식을 빌어 솔직 담백하게 얘기했다. 예비 창업자들을 위한 조언, 경영 철학, 성공 요인도 담고 있어 창업을 준비하는 사람들에게 도움이 될 것이다.
신국판 / 248쪽 / 9,500원

 주 식

개미군단 대박맞이 주식투자
홍성걸(한양증권 투자분석팀 팀장) 지음 / 신국판 / 310쪽 / 9,500원

알고 하자! 돈 되는 주식투자
이길영 외 2명 공저 / 신국판 / 388쪽 / 12,500원

항상 당하기만 하는 개미들의 매도·매수타이밍 **999% 적중 노하우**
강경무 지음 / 신국판 / 336쪽 / 12,000원

부자 만들기 주식성공클리닉   이창희 지음 / 신국판 / 372쪽 / 11,500원

선물·옵션 이론과 실전매매   이창희 지음 / 신국판 / 372쪽 / 12,000원

너무나 쉬워 재미있는 **주가차트**   홍성무 지음 / 4×6배판 / 216쪽 / 15,000원

주식투자 직접 투자로 높은 수익을 올릴 수 있는 비결
저금리·고령화 시대를 대비한 개인자산관리의 확실한 방법을 제시한 책이다. 미국뿐만 아니라 일본, 중국, 홍콩, 대만, 브라질 등의 주식 시장의 철저한 분석과 데이터화를 통해 한국 주식 시장에 맞는 가치주를 발굴하고 투자할 수 있는 확실한 성공 전략을 제시한다.
김학균 지음 / 신국판 / 230쪽 / 11,000원

 역 학

역리종합 **만세력**   정도명 편저 / 신국판 / 532쪽 / 10,500원

작명대전   정보국 지음 / 신국판 / 460쪽 / 12,000원

하락이수 해설   이천교 편저 / 신국판 / 620쪽 / 27,000원

현대인의 창조적 **관상과 수상**   백운산 지음 / 신국판 / 344쪽 / 9,000원

대운용신영부적   정재원 지음 / 신국판 양장본 / 750쪽 / 39,000원

사주비결활용법   이세진 지음 / 신국판 / 392쪽 / 12,000원

컴퓨터세대를 위한 新 **성명학대전**
박용찬 지음 / 신국판 / 388쪽 / 11,000원

길흉화복 꿈풀이 비법   백운산 지음 / 신국판 / 410쪽 / 12,000원

새천년 **작명컨설팅**   정재원 지음 / 신국판 / 492쪽 / 13,900원

백운산의 신세대 궁합   백운산 지음 / 신국판 / 304쪽 / 9,500원

동자삼 작명학   남시모 지음 / 신국판 / 496쪽 / 15,000원

구성학의 기초   문길여 지음 / 신국판 / 412쪽 / 12,000원

 법률 일반

여성을 위한 **성범죄 법률상식**
조명원(변호사) 지음/ 신국판 / 248쪽 / 8,000원

아파트 난방비 75% 절감방법
고영근 지음 / 신국판 / 238쪽 / 8,000원

일반인이 꼭 알아야 할 절세전략 173선
최성호(공인회계사) 지음 / 신국판 / 392쪽 / 12,000원

변호사와 함께하는 부동산 경매
최환주(변호사) 지음 / 신국판 / 404쪽 / 13,000원

혼자서 쉽고 빠르게 할 수 있는 소액재판
김재용·김종철 공저 / 신국판 / 312쪽 / 9,500원

"술한 잔 사겠다"는 말에서 찾아보는 채권·채무
변환철(변호사) 지음 / 신국판 / 408쪽 / 13,000원

알기쉬운 부동산 세무 길라잡이
이건우(세무서 재산계장) 지음 / 신국판 / 400쪽 / 13,000원

알기쉬운 어음, 수표 길라잡이
변환철(변호사) 지음 / 신국판 / 328쪽 / 11,000원

제조물책임법
강동근(변호사)·윤종성(검사) 공저 / 신국판 / 368쪽 / 13,000원

알기 쉬운 주5일근무에 따른 임금·연봉제 실무
문강분(공인노무사) 지음 / 4×6배판 변형 / 544쪽 / 35,000원

변호사 없이 당당히 이길 수 있는 형사소송
김대환 지음 / 신국판 / 304쪽 / 13,000원

변호사 없이 당당히 이길 수 있는 민사소송
김대환 지음 / 신국판 / 412쪽 / 14,500원

혼자서 해결할 수 있는 교통사고 Q&A
조명원(변호사) 지음 / 신국판 / 336쪽 / 12,000원

생활법률

부동산 생활법률의 기본지식
대한법률연구회 지음 / 김원중(변호사) 감수 / 신국판 / 480쪽 / 12,000원

고소장·내용증명 생활법률의 기본지식
하태웅(변호사) 지음 / 신국판 / 440쪽 / 12,000원

노동 관련 생활법률의 기본지식
남동희(공인노무사) 지음 / 신국판 / 528쪽 / 14,000원

외국인 근로자 생활법률의 기본지식
남동희(공인노무사) 지음 / 신국판 / 400쪽 / 12,000원

계약작성 생활법률의 기본지식
이상도(변호사) 지음 / 신국판 / 560쪽 / 14,500원

지적재산 생활법률의 기본지식
이상도(변호사)·조의제(변리사) 공저 / 신국판 / 496쪽 / 14,000원

부당노동행위와 부당해고 생활법률의 기본지식
박영수(공인노무사) 지음 / 신국판 / 432쪽 / 14,000원

주택·상가임대차 생활법률의 기본지식
김운용(변호사) 지음 / 신국판 / 480쪽 / 14,000원

하도급거래 생활법률의 기본지식
김진홍(변호사) 지음 / 신국판 / 440쪽 / 14,000원

이혼소송과 재산분할 생활법률의 기본지식
박동섭(변호사) 지음 / 신국판 / 460쪽 / 14,000원

부동산등기 생활법률의 기본지식
정상태(법무사) 지음 / 신국판 / 456쪽 / 14,000원

기업경영 생활법률의 기본지식
안동섭(단국대 교수) 지음 / 신국판 / 466쪽 / 14,000원

교통사고 생활법률의 기본지식
박정무(변호사)·전병찬 공저 / 신국판 / 480쪽 / 14,000원

소송서식 생활법률의 기본지식
김대환 지음 / 신국판 / 480쪽 / 14,000원

호적·가사소송 생활법률의 기본지식
정주수(법무사) 지음 / 신국판 / 516쪽 / 14,000원

상속과 세금 생활법률의 기본지식
박동섭(변호사) 지음 / 신국판 / 480쪽 / 14,000원

담보·보증 생활법률의 기본지식
류창호(법학박사) 지음 / 신국판 / 436쪽 / 14,000원

소비자보호 생활법률의 기본지식
김성천(법학박사) 지음 / 신국판 / 504쪽 / 15,000원

판결 · 공정증서 생활법률의 기본지식
정상태(법무사) 지음 / 신국판 / 312쪽 / 13,000원

처 세

성공적인 삶을 추구하는 여성들에게 우먼파워
조안 커너 · 모이라 레이너 공저 / 지창영 옮김
신국판 / 352쪽 / 8,800원

聽 이익이 되는 말 話 손해가 되는 말
우메시마 미요 지음 / 정성호 옮김 / 신국판 / 304쪽 / 9,000원

성공하는 사람들의 화술테크닉 민영욱 지음 / 신국판 / 320쪽 / 9,500원

부자들의 생활습관 가난한 사람들의 생활습관
다케우치 야스오 지음 / 홍영의 옮김 / 신국판 / 320쪽 / 9,800원

코끼리 귀를 당긴 원숭이-히딩크식 창의력을 배우자
강충인 지음 / 신국판 / 208쪽 / 8,500원

성공하려면 유머와 위트로 무장하라 민영욱 지음 / 신국판 / 292쪽 / 9,500원

등소평의 오뚝이전략 조창남 편저 / 신국판 / 304쪽 / 9,500원

노무현 화술과 화법을 통한 이미지 변화
이현정 지음 / 신국판 / 320쪽 / 10,000원

성공하는 사람들의 토론의 법칙 민영욱 지음 / 신국판 / 280쪽 / 9,500원

사람은 칭찬을 먹고산다 민영욱 지음 / 신국판 / 268쪽 / 9,500원

사과의 기술 김농주 지음 / 신국판 변형 양장본 / 200쪽 / 10,000원

취업 경쟁력을 높여라 김농주 지음 / 신국판 / 280쪽 / 12,000원

유비쿼터스시대의 블루오션 전략
최양진 지음 / 신국판 / 248쪽 / 10,000원

나만의 블루오션 전략-화술편
민영욱 지음 / 신국판 / 254쪽 / 10,000원

희망의 씨앗을 뿌리는 20대를 위하여
우광균 지음 / 신국판 / 172쪽 / 8,000원

명 상

명상으로 얻는 깨달음 달라이 라마 지음 / 지창영 옮김
티베트의 정신적 지도자이자 실질적 지도자인 달라이 라마의 수많은
가르침 가운데 현대인에게 필요해지고 있는 인내에 대한 이야기.
국판 / 320쪽 / 9,000원

어 학

2진법 영어 이상도 지음 / 4×6배판 변형 / 328쪽 / 13,000원

한 방으로 끝내는 영어 고제윤 지음 / 신국판 / 316쪽 / 9,800원

한 방으로 끝내는 영단어 김승엽 지음 / 김수경 · 카렌다 감수 /
4×6배판 변형 / 236쪽 / 9,800원

해도해도 안 되던 영어회화 하루에 30분씩 90일이면 끝낸다
Carrot Korea 편집부 지음 / 4×6배판 변형 / 260쪽 / 11,000원

바로 활용할 수 있는 기초생활영어
김수경 지음 / 신국판 / 240쪽 / 10,000원

바로 활용할 수 있는 비즈니스영어
김수경 지음 / 신국판 / 252쪽 / 10,000원

생존영어55 홍일록 지음 / 신국판 / 224쪽 / 8,500원

필수 여행영어회화 한현숙 지음 / 4×6판 변형 / 328쪽 / 7,000원

필수 여행일어회화 윤영자 지음 / 4×6판 변형 / 264쪽 / 6,500원

필수 여행중국어회화 이은진 지음 / 4×6판 변형 / 256쪽 / 7,000원

영어로 배우는 중국어 김승엽 지음 / 신국판 / 216쪽 / 9,000원

필수 여행스페인어회화 유연창 지음 / 4×6판 변형 / 288쪽 / 7,000원

바로 활용할 수 있는 홈스테이 영어
김형주 지음 / 신국판 / 184쪽 / 9,000원

레포츠

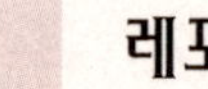

수열이의 브라질 축구 탐방 삼바 축구, 그들은 강하다
이수열 지음 / 신국판 / 280쪽 / 8,500원

마라톤, 그 아름다운 도전을 향하여
빌 로저스 · 프리실라 웰치 · 조 헨더슨 공저 / 오인환 감수 / 지창영
옮김 / 4×6배판 / 320쪽 / 15,000원

퍼팅 메커닉 이근택 지음 / 4×6배판 변형 / 192쪽 / 18,000원

아마골프 가이드 정영호 지음 / 4×6배판 변형 / 216쪽 / 12,000원

인라인스케이팅 100%즐기기
임미숙 지음 / 4×6배판 변형 / 172쪽 / 11,000원

배스낚시 테크닉 이종건 지음 / 4×6배판 / 440쪽 / 20,000원

나도 디지털 전문가 될 수 있다!!!
이승훈 지음 / 4×6배판 / 320쪽 / 19,200원

스키 100% 즐기기 김동환 지음 / 4×6배판 변형 / 184쪽 / 12,000원

태권도 총론 하웅의 지음 / 4×6배판 / 288쪽 / 15,000원

건강하고 아름다운 동양란 기르기
난마을 지음 / 4×6배판 변형 / 184쪽 / 12,000원

수영 100% 즐기기 김종만 지음 / 4×6배판 변형 / 248쪽 / 13,000원

애완견114 황양원 엮음 / 4×6배판 변형 / 228쪽 / 13,000원

건강을 위한 월빙 걷기 이강옥 지음 / 대국전판 / 280쪽 / 10,000원

우리 땅 우리 문화가 살아 숨쉬는 옛터
이형권 지음 / 대국전판 올컬러 / 208쪽 / 9,500원

아름다운 산사 이형권 지음 / 대국전판 올컬러 / 208쪽 / 9,500원

골프 100타 깨기 김준모 지음 / 4×6배판 변형 / 136쪽 / 10,000원

쉽고 즐겁게! 신나게! 배우는 재즈댄스
최재선 지음 / 4×6배판 변형 / 200쪽 / 12,000원

맛과 멋이 있는 낭만의 카페
박성찬 지음 / 대국전판 올컬러 / 168쪽 / 9,900원

한국의 숨어 있는 아름다운 풍경
이종원 지음 / 대국전판 올컬러 / 208쪽 / 9,900원

사람이 있고 자연이 있는 아름다운 명산
박기성 지음 / 대국전판 올컬러 / 176쪽 / 12,000원

마음의 고향을 찾아가는 여행 포구
김인자 지음 / 대국전판 올컬러 / 224쪽 / 14,000원

골프 90타 깨기 김광섭 지음 / 4×6배판 변형 / 148쪽 / 11,000원

생명이 살아 숨쉬는 한국의 아름다운 강
민병준 지음 / 대국전판 올컬러 / 168쪽 / 12,000원

틈나는 대로 세계여행
김재관 지음 / 4×6배판변형 올컬러 / 368쪽 / 20,000원

KLPGA 최여진 프로의 센스 골프 최여진 지음
4×6배판변형 올컬러 / 192쪽 / 13,900원

해양스포츠 카이트보딩
김남용 편저 / 신국판 올컬러 / 152쪽 / 18,000원

KTPGA 김준모 프로의 파워 골프
김준모 지음 / 4×6배판변형 올컬러 / 192쪽 / 13,900원

골프 80타 깨기
오태훈 지음 / 4×6배판 변형 / 132쪽 / 10,000원

풍경 속을 걷는 즐거움 명상 산책 김인자 지음
우리나라의 사계절 걷기 좋은 곳 21곳 수록. 걸으면서 사색을 즐기고
싶은 사람에게 추천할 만한 책이다. 특히 느림과 침묵에 굶주려 있는 도
시인들에게 두 발의 건강한 노동인 걷는 즐거움을 줄 수 있는 책이다.
대국전판 올컬러 / 224쪽 / 14,000원

내 아이
스타 만들기

2006년 4월 20일 제1판 1쇄 발행

지은이/김민성
펴낸이/강선희
펴낸곳/가림출판사

등록/1992. 10. 6. 제4-191호
주소/서울시 광진구 구의동 57-71 부원빌딩 4층
대표전화/458-6451   팩스/458-6450
홈페이지/www.galim.co.kr
전자우편/galim@galim.co.kr

값 9,000원

ⓒ 김민성, 2006

저자와의 협의하에 인지를 생략합니다.

ISBN 89-7895-234-8 13600